# 世界から核兵器がなくならない 本当の理由

池上 彰

SB新書
442

# はじめに――「米朝首脳会談」は北朝鮮の「核の脅し」の成果

北朝鮮による核開発は、アメリカとの米朝首脳会談（2018年6月12日）によって、緊迫感がいささか薄れたように見えますが、本当なのでしょうか。

これまで外交交渉に関わったことのないドナルド・トランプ大統領は、「ディール」（取引）に絶大な自信を持っているようですが、北朝鮮の交渉術のしたたかさを過小評価しているようにも見えます。

「歴代のアメリカ大統領ができなかったことをオレは成し遂げた」

こんな功名心に駆られて、中途半端な妥協に終わってしまうことを心配しています。

今回の米朝首脳会談は、「アメリカが北朝鮮に対する経済制裁を強化した成果だ」と見ている人も多いでしょうが、北朝鮮から見ると、「核の脅しが功を奏した」と考えることも可能です。それは、なぜか。

北朝鮮は、朝鮮戦争の際、米軍によって大打撃を受けたことがトラウマになり、米軍の攻撃を受けないようにするにはどうすればいいか、考えてきました。その結果が、「核の抑止力」に頼ることでした。

経済不振にあえぐ北朝鮮は、通常兵器の能力では、米軍や韓国軍に到底太刀打ちできません。そこで、通常兵器の能力を高めるのではなく、軍事費を核開発とミサイル技術の向上のために集中させる方針を取りました。企業経営でいうところの「選択と集中」です。

これにより、北朝鮮は急ピッチで核ミサイル能力を向上させました。アメリカ本土に届くＩＣＢＭ（大陸間弾道弾）の完成を宣言するところにまで達したのです。

それまで北朝鮮の挑発には応じることのなかったアメリカの大統領が、トランプ大統領になった途端、ツイッターで北朝鮮を非難するようになりました。これは北朝鮮から見れば、「アメリカが遂に我々の方に振り向いた」ということになります。

いざとなればアメリカのワシントンやニューヨークに核ミサイルを撃ち込むことができる。こう宣言したことでアメリカが交渉に応じるようになった。そう考えれば、「核の脅しが成功した」と見ることも可能なのです。

北朝鮮は今後、「核廃棄」に時間をかけ、段階的に減らしながら経済援助を引き出すという戦略を取っていくことでしょう。

こんな米朝のやりとりを見た世界の中には、「核の脅しは有効だ」と考える国が新たに出て来る可能性もあります。

そこで心配なのが、中東の国イランです。イランもまた秘密裏に核開発を進めていることが露見し、アメリカを中心に圧力をかけた結果、「核開発を中断」することで合意が成立しました。「イラン核合意」です。

これはオバマ前大統領の功績（レジェンド）になりました。オバマ前大統領の功績を全否定するために尽力しているトランプ大統領は、「核合意から脱退する」と宣言しました。核合意はイランが核開発を中断することを約束させているだけで、完全廃棄を約束させたものではないから、という理由です。

しかし、こうなるとイランは、「合意を守らない国があるのなら、我々も守る必要はない」と離脱して、核開発を再開する可能性があります。

イランは北朝鮮の交渉術を研究していることでしょう。「核の脅し」が有効であるなら、自分たちも実行しよう。こう考えるかも知れません。もしイランが核武装すると、イランと関係が悪化しているサウジアラビアも核開発を始めるかもしれません。

こうなると、核の連鎖です。

なぜ、こんなことになるのか。どうすれば止めることができるのか。2018年1月、フジテレビの「池上彰緊急スペシャル！」で、これを考え、幸い多くの視聴者に見ていただくことができました。この放送内容を元に、その後の動きも加筆したのが、この本です。今後、米朝の核をめぐる話し合いはどうなるのか。ニュースを見る上で、まずは核の歴史を知っておきましょう。核兵器をなくすのがいかに難しいかがわかりますが、だからといって、絶望するものでもないのだということもわかるはずです。お役に立てれば幸いです。

2018年6月

ジャーナリスト　池上　彰

『世界から核兵器がなくならない本当の理由』◉もくじ

## 第2章　核兵器とは何なのか



## 第3章　核分裂が生み出すエネルギー　ドイツで世紀の大発見！

## 第4章 核兵器が外交のカードになってしまった

## 第5章　ICBM開発競争とキューバ危機の真相



## 第6章　「核の抑止力」で平和が保たれてきた!?

## 第7章　核兵器の技術はビジネスになる



## 第8章　日本は核兵器とどう向き合ってきたか

## 終章　核なき世界は実現するのか？

# 序章

# 広島平和記念公園の「平和の灯」に込められた願い

## ◉核兵器が地球上から姿を消す日まで

２０１８年初め、私は広島の平和記念公園を訪れました。今から73年前の１９４５年8月6日、広島にアメリカ軍が原子爆弾を投下し、一瞬にして大勢の尊い命が亡くなりました。今では多くの外国人観光客が平和記念公園を訪れていますが、中には「ここが公園でよかった」「街中に落ちなくてよかった」と言う外国の人がいるそうです。

しかし次ページの写真を見てください。原爆が投下される前に、平和記念公園のある一帯を撮影した航空写真です。

この辺りは中島地区といって、約１３００世帯、４４００人もの人たちが暮らしていました。被爆する前の中島地区は、芝居小屋や寄席などの娯楽場が建ち並ぶにぎわいのある街でした。中でもその中核をなしていたのが高千穂館《たかちほかん》と呼ばれる映画館です。またこの地区にはカフェーや商店、銀行などもあり、多くの人が集まる場所でした。中島地区は県内でも有数の繁華街だったのです。

## 広島 平和記念公園一帯

広島平和記念公園に残される
原爆ドーム
（共同通信）

核廃絶が実現するまで
消えることがない
「平和の灯」
（共同通信）

被爆前の中島地区
（現・平和記念公園）
野口巌氏撮影

**芝居小屋、寄席、
映画館などの
娯楽施設があった**

映画館「高千穂館」
「広島大学原爆放射線医科学研究所」提供

その街が原爆によってほんの一瞬で消えてしまいました。核兵器がいかに恐ろしい悪魔の兵器であるかがわかります。

もう一つ皆さんに知っていただきたいことがあります。原爆死没者慰霊碑と原爆ドームの間に、消えることなく燃え続けている火があります。この火は「平和の灯《ともしび》」と呼ばれています。

この平和の灯は1964年8月1日に灯《とも》されました。火は日本全国から届けられ、原爆が投下された日に広島で生まれた7人の女性によって台座に運ばれ、点火されました。以来、一度も消えることなく燃え続けています。

実はこの灯、燃え続けることで平和を象徴しているわけではありません。この灯の本当の意味は、核兵器が地球上から姿を消す日まで燃やし続けようということなのです。この平和の灯が消える日は来るのでしょうか。

なぜ世界から核兵器がなくならないのか？

そもそも核兵器とは何かということも含め、平和への願いを込めてじっくり考えていきましょう。

# 第1章

# 迫る北朝鮮の核の脅威、死者210万人の試算も

## ◉核実験とミサイル発射実験を繰り返す北朝鮮

近年の日本に暗い影を落とす大きな問題、それは北朝鮮による核実験やミサイル発射実験です。

金正恩《キムジョンウン》・朝鮮労働党委員長は2018年の新年の演説で、「常に核のボタンが私の机の上に置かれている」と発言しました。するとアメリカのトランプ大統領は、「私にも核ボタンがあることを彼（金正恩委員長）に知らせてくれ。私の方がはるかに大きくて強力な機能する核ボタンだ」（1月2日、ツイッターに投稿）と反撃し、緊張が高まりました。

その後、北朝鮮は核兵器廃棄の準備があると言い出し、アメリカとの協議が始まりましたが、核の脅威が消えたわけではありません。

では、最初にその北朝鮮に関する動きを押さえておきましょう。北朝鮮は2017年11月末、大型重量級の核弾頭装着が可能とされた新型ＩＣＢＭ*（「火星15」型）の発射実験を行い、過去最高の高度4500キロの高さまで到達させました。

## 繰り返される北朝鮮の核・ミサイル実験

大陸間弾道ミサイル（ICBM）「火星15」型の試射
＝2017年11月29日（朝鮮通信＝共同）

＊ICBM＝放物線を描いて飛翔する、ロケットエンジン推進のミサイルが弾道ミサイル。一般に射程約5500キロ以上の弾道ミサイルをICBM（大陸間弾道ミサイル）と呼ぶ。『平成29年版防衛白書』による。

このミサイル発射実験の意図は何でしょうか。

アメリカ本土全域を攻撃できる、言い換えればニューヨークやワシントンにミサイルを撃ち込むことができるということを示しています。この発射実験を受けて金正恩

核兵器をめぐる、金氏とトランプ氏の発言

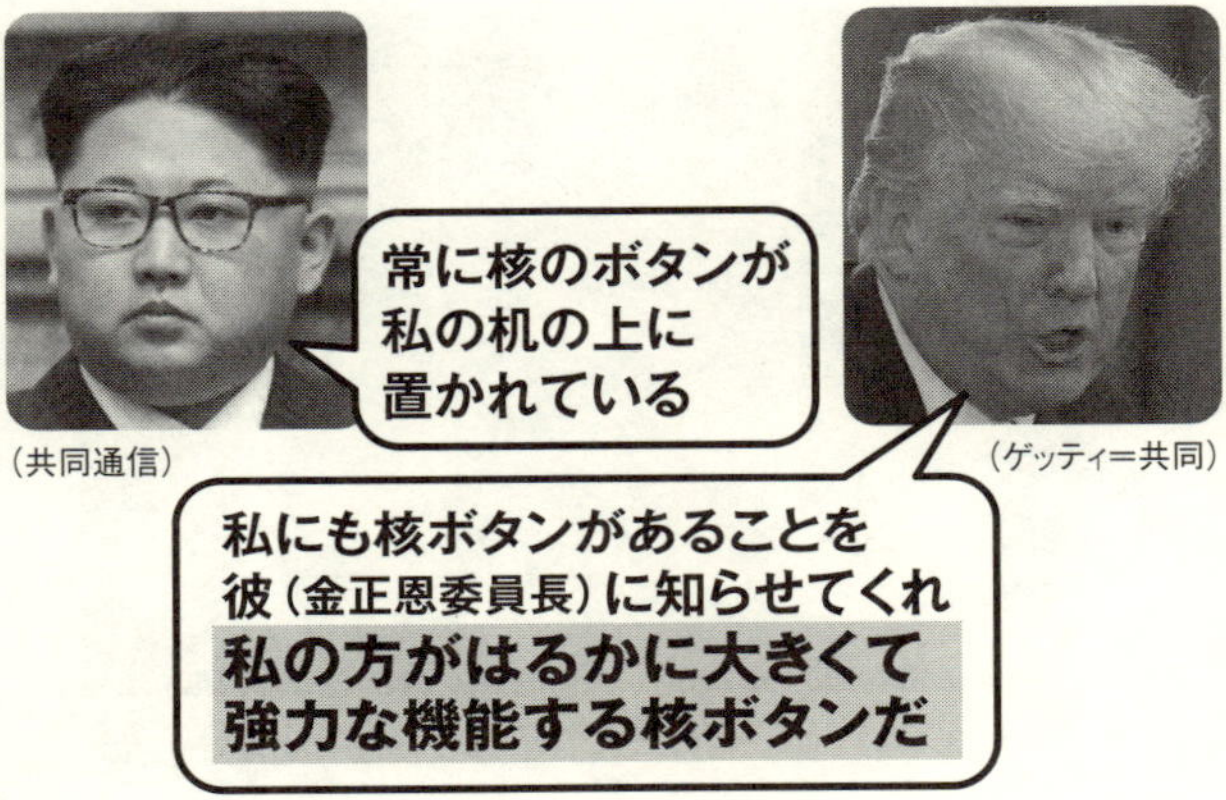
常に核のボタンが私の机の上に置かれている
私にも核ボタンがあることを彼（金正恩委員長）に知らせてくれ
私の方がはるかに大きくて強力な機能する核ボタンだ
（共同通信）　（ゲッティ＝共同）

委員長は、「核武力完成の歴史的大業を果たした」と語っています。

## ●もしも北朝鮮がソウルと東京に核攻撃を仕掛けたら

このように北朝鮮の脅威が現実的なものとなってきた今、日本に住む私たちにとって見過ごせない報道もありました。2017年10月、アメリカの北朝鮮研究機関「38ノース」（米ジョンズ・ホプキンズ大学高等国際問題研究大学院の北朝鮮分析サイト）が、もしも北朝鮮が核攻撃を仕掛けてきたらどれだけの犠牲者が出るかというシミュレーションを行った結果を発表しました。これによ

## 北朝鮮の核攻撃で「死者210万人」!?

# 北朝鮮、新型ICBM発射

## 高度4500㌔ 過去最高「核武力完成」

北朝鮮は29日午前3時18分ごろ、西部の平安南道《ピョンアンナムド》平城《ピョンソン》付近から日本海に向けて弾道ミサイル1発を発射した。53分後に青森県西方約250㌔の日本の排他的経済水域（EEZ）内に落下した。韓国軍合同参謀本部によると過去最も高い約4500㌔まで上昇し、約960㌔飛行。北朝鮮の朝鮮中央テレビは29日午後0時半に「重大報道」として、新型の大陸間弾道ミサイル（ICBM）「火星《ファソン》15」の発射が成功したとする政府声明を発表した。

2017年11月29日付
朝日新聞（夕刊）

## 北朝鮮 核攻撃なら「死者210万人」試算

### 東京・ソウル想定 米グループ

北朝鮮問題を研究する米ジョンズ・ホプキンス大の研究グループ「38ノース」は4日、北朝鮮が核兵器を搭載したミサイルで東京とソウルを攻撃した場合、最大で死者が計210万人に上るという試算を発表した。負傷者も約770万人になるとしている。

北朝鮮は爆発規模15～25㌔トン（TNT火薬換算）の核弾頭を搭載した弾道ミサイルを最大で25発実戦配備しているとされる。すべてを2都市に向けて発射した場合の被害状況を試算した。

米軍や日韓のミサイル防衛システムによる迎撃を考慮し、爆発の成功率を20～80％とした。東京で約20万～94万人、ソウルで約22万～116万人の死者がそれぞれ出ると予測した。38ノースは、北朝鮮が9月3日に実施した核実験の規模について250㌔トンとしており、これは広島に落とされた原爆の17倍に相当する。これが実用化されて使用された場合、死者は最大で東京で約180万人、ソウルでは約200万人に上るとしている。

（ワシントン＝峯村健司）

2017年10月7日付 朝日新聞

北朝鮮 核攻撃なら
「死者210万人」試算

米軍や日韓のミサイル防衛システムによる迎撃を考慮し、爆発の成功率を20～80％とした。東京で約20万～94万人、ソウルで約22万～116万人の死者がそれぞれ出ると予測した。

ると、核攻撃なら「死者２１０万人」という試算が出ています。

この核爆弾の威力は、１発で広島型原爆の10倍以上です。内訳を見てみると、東京で少なくとも20万人、多いときには94万人、ソウルでも少ないときは22万人、多ければ１１６万人の死者が出ると予測したということです。（朝日新聞２０１７年10月7日付）

米軍や日韓のミサイル防衛システムを使って迎撃したとしても、これだけの被害が出るという結果になりました。

もちろん、試算の前提として、北朝鮮が保有する核ミサイルを全部発射するなどということがそもそもあるのかどうかという問題もありますし、発射されたミサイルが落ちてくるときに、大気圏再突入でバラバラになってしまうかもしれない。ただ、将来的にそういう技術を確立できた場合、こういう危険性があるんだよ、ということです。

特に、日本は世界で唯一の被爆国ですから、この核兵器の問題について改めて知っておくことが必要だと思うのです。

## 世界の核兵器数

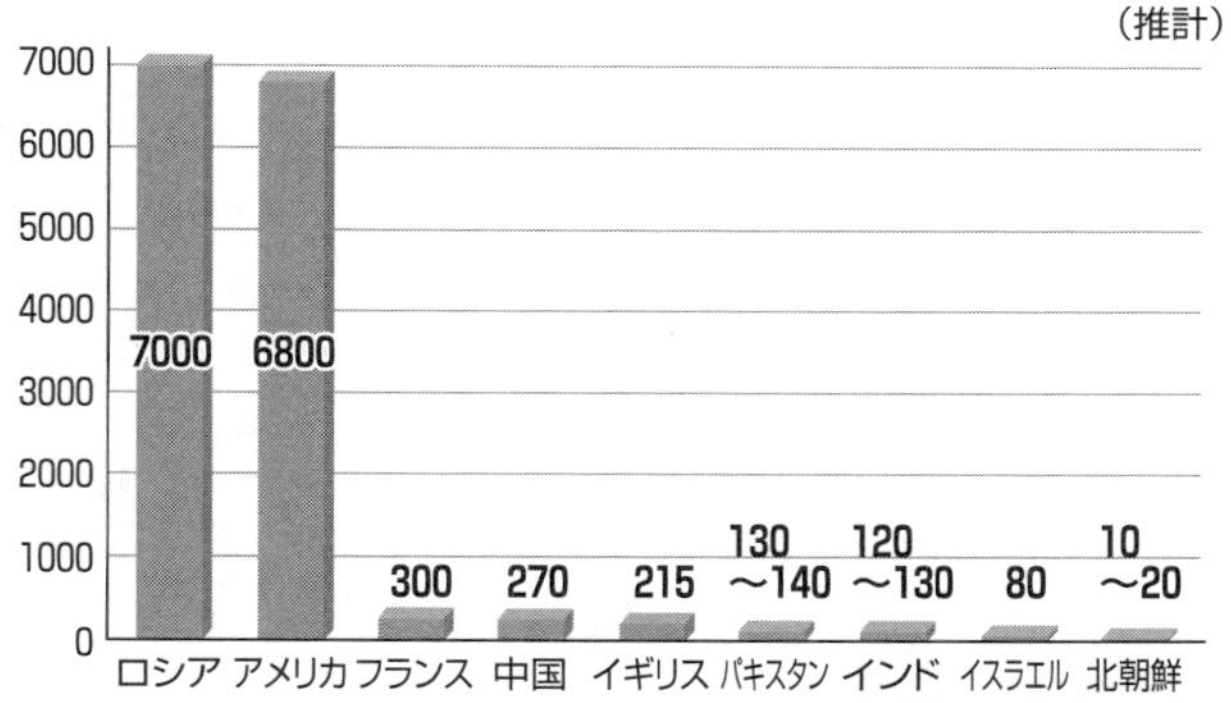


※廃棄待ちの核兵器も含む
ストックホルム国際平和研究所の報告書より

## ◉人類が数回滅亡!? 世界に核兵器はいくつある？

今、大きな問題になっているのは北朝鮮ですが、核兵器を持っているのは北朝鮮だけではありません。現在、核兵器は世界にどれくらいあるかご存じですか？

世界には約１万５０００発の核兵器があるといわれています（２０１７年１月時点の推計。廃棄待ちの核兵器も含む。ストックホルム国際平和研究所の報告書より）。その全ての核兵器を使ったら、人類を何度も全滅させることができるほどだそうです。

では、どの国がどれくらいの核兵器を持

っているのか、前ページのグラフを見てください。ロシアが7000、アメリカが6800です。アメリカとロシアの2国で世界全体の90％以上を占めていることがわかります。

一番少ないのが北朝鮮です。イスラエルは、実は核兵器を持っているとも持っていないとも表明しない方針をとっている国ですが、各国の専門機関の分析によって核兵器を持っている国に分類されています。

## ●5カ国だけが「核兵器保有国」として認められた

ここで1位から5位までの5カ国に注目してください。何か共通点があることに気づきませんか？

いずれも国連安全保障理事会の常任理事国です。国連安保理は10カ国の非常任理事国と5カ国の常任理事国から成り立っています。5カ国はずっと常任理事国でいられる、つまり国連安保理で恒久的な地位を有する理事国であり、さらにこの5カ国は、ある条約によって「核兵器保有国」として認められています。

## 世界の核兵器数

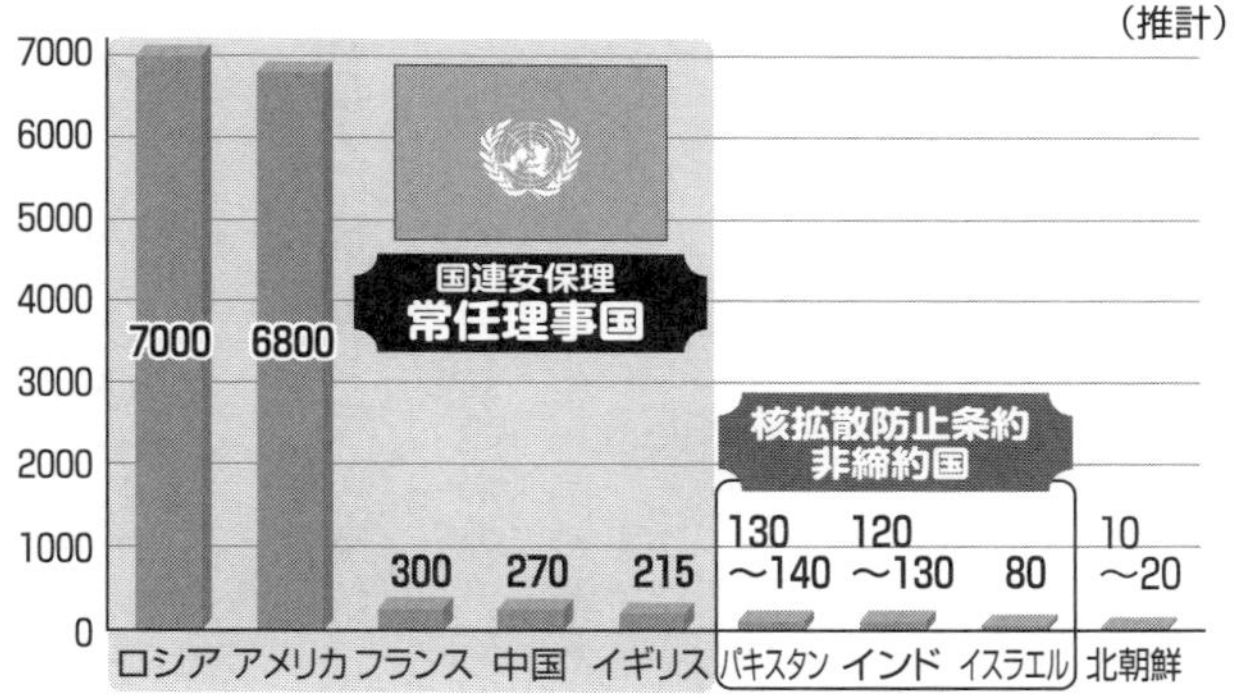


※廃棄待ちの核兵器も含む
ストックホルム国際平和研究所の報告書より

その条約とは「核拡散防止条約（NPT）」（1970年3月発効）です。NPTはアメリカ、ロシア（条約ができた当時はソ連）、イギリス、フランス、中国の5カ国を「核兵器保有国」と認めています。この5カ国だけは核兵器を持ってもいいですよ、でも、それ以外の国に核兵器が広がらないようにしましょう、という条約です。

これには世界のほとんどの国が賛成しています。締約国は2015年2月現在、191の国と地域で、日本は1976年6月に条約を批准しました。

5カ国だけを特別扱いするのは不平等なのですが、とにかく条約ができる段階ではもう核兵器を持っているわけです。この5カ国よりもっと増えたら大変だ、だからまずは仕方がないから妥協して、この5カ国は持ってもいいからそれ以上はダメですよ、ということで日本も含めて多くの国が賛成しました。

## ●NPTに加盟していない核保有国もある

ただし、この時は前段があったのです。「これ以降、5カ国は核兵器を減らすために努力してください。5カ国が減らすことに努力するならば」という前提条件が付いていました。そういう条件の下でみんなが賛成し、この条約ができたのです。

ところで、核兵器保有国5カ国以外のパキスタン、インド、イスラエルは核拡散防止条約に加盟していません。それはなぜなのか？

条約に入ってしまったら自分たちが核兵器を造れなくなります。そのとき既に核兵器を造りたいと思っていた、あるいはひそかに研究が始まっていたので、条約に参加しようとしなかったのです。

北朝鮮はこの条約に一度は加盟しましたが、その後脱退しています。

# 第2章

# 核兵器とは何なのか

## ◉広島平和記念資料館を訪ねて

「なぜ世界から核兵器がなくならないのか？」という問題に進む前に、核兵器の基礎知識を押さえておきましょう。

そもそも核兵器とはどういうものなのか？

一口に核兵器と言っても種類があります。

「原爆（原子爆弾）」と「水爆（水素爆弾）」です。

原爆よりも水爆のほうが威力が大きいことは、ご存じの方も多いと思います。

では、原子爆弾とは何かから見ていきましょう。取材にご協力いただいたのは、広島市にある広島平和記念資料館です。ここでは、広島に投下された原爆の悲惨さを、展示物などを通して世界中の人々に伝えています。

同資料館には、爆心地から半径2・5キロメートルの市街地を被爆前と被爆後の航空写真を基にCGで再現した展示があります。

広島市上空に原爆が投下され、原爆ドーム近くの上空約600メートルで爆発。キ

## 原爆とは何か？

広島平和記念資料館　（共同通信）

ノコ雲が立ち上り、やがて雲のすき間から被爆後に完全に破壊された街の様子が見えてくる展示になっています。

### ◉核分裂が莫大なエネルギーを生み出す

このように恐ろしい破壊力を持つ原爆とは、一体どのような仕組みになっているのでしょうか。

実は同じ原爆でも、広島に投下されたものと長崎に投下されたものとでは種類が違います。

次ページ上の図が広島に投下された原子爆弾、通称「リトルボーイ」です。実物の

## 広島に投下された「リトルボーイ」と<br>長崎に投下された「ファットマン」

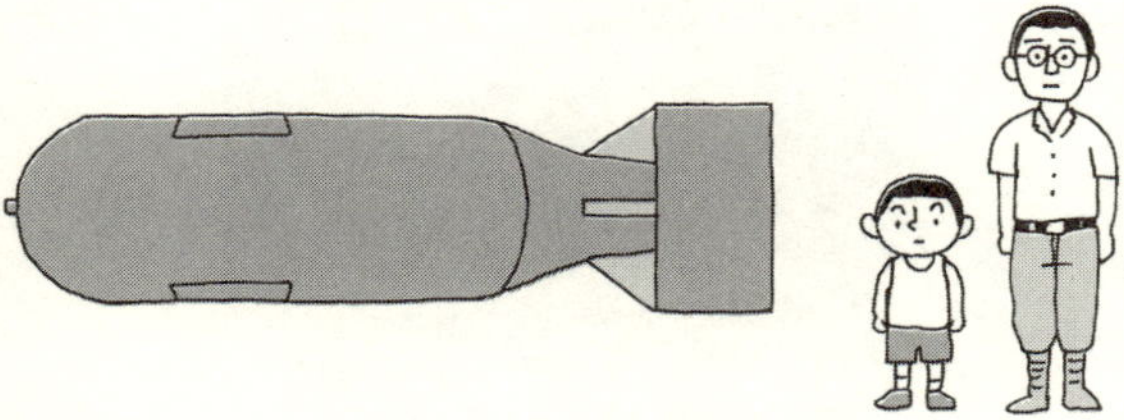

**リトルボーイ**　広島に投下された原子爆弾

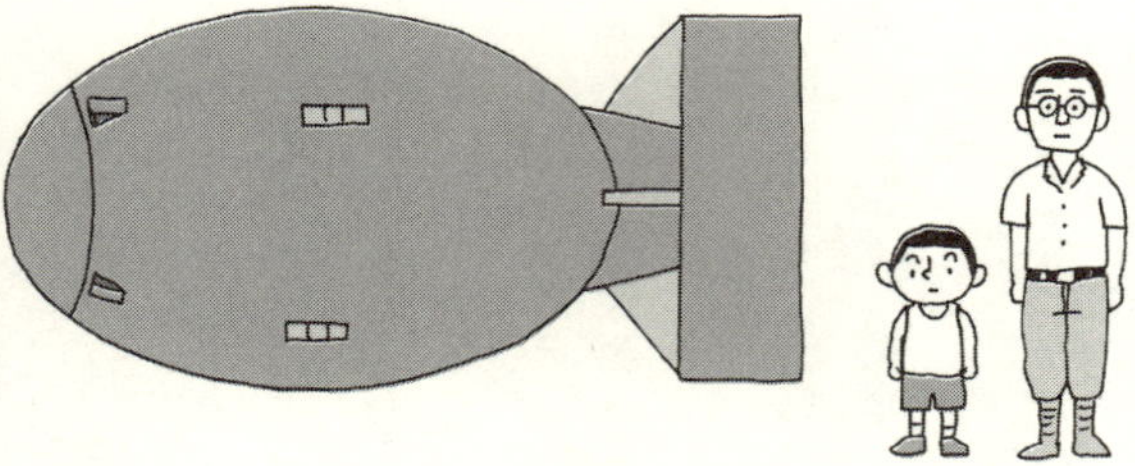

**ファットマン**　長崎に投下された原子爆弾

全長は約3メートル、重さは約4トンです。このリトルボーイにはウランという放射性物質が使われています。ウランは天然に存在し、採掘されたウラン鉱石から原爆に使えるウランを濃縮して使用します。

下の図は長崎に投下された原子爆弾、通称「ファットマン」です。全長約3・25メートル、重さは約4・5トン。ファットマンにはプルトニウムという放射性物質が使われています。ウランと違い、天然にほとんど存在しない人工的に作られた物質です。

このウランとプルトニウムはこれだけで爆発するわけではありません。その仕組みは次のようになっています。

ウランやプルトニウムの原子核に中性子が衝突し、これが吸収されることで原子核が分裂します。これを「核分裂」といいます。このときに中性子が放出され、これが次の原子核に吸収されて核分裂を起こし、また次へと連鎖的に核分裂が起こります。原子核が分裂するときにはエネルギーが発生し、一つ一つの核分裂によって発生するエネルギーが最終的には莫大《ばくだい》なエネルギーを生み出します。

一つの核分裂は、わずか1000万分の1秒というほんの一瞬で起こります。

### 原爆が爆発する仕組み

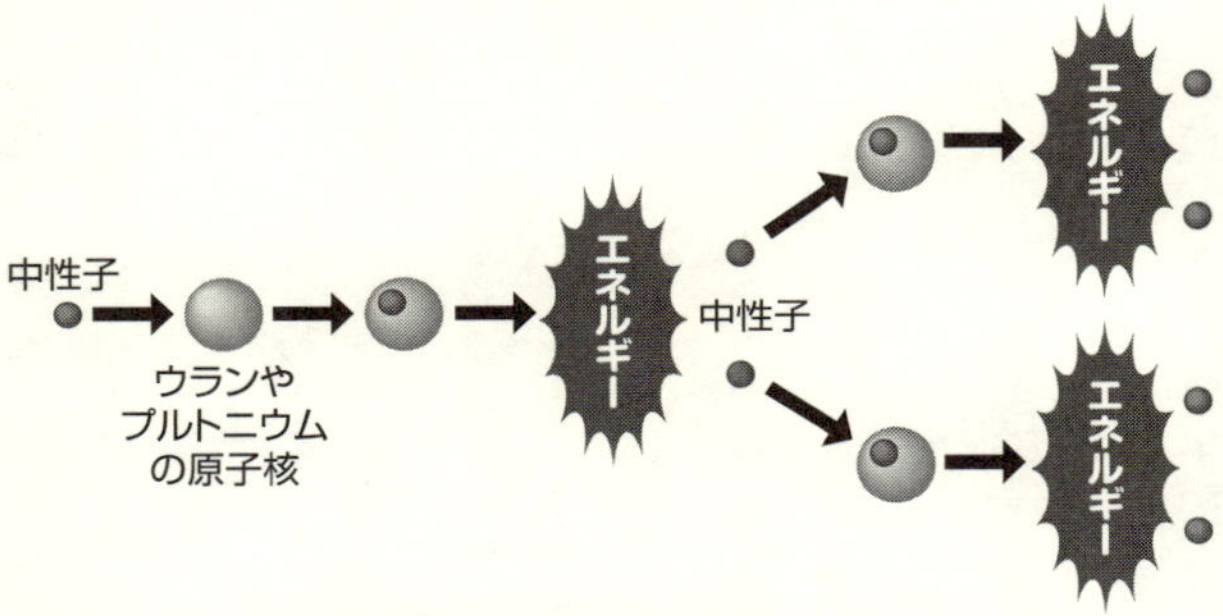


**一つひとつの核分裂によって発生するエネルギーが
最終的には莫大なエネルギーになる**

## ◉ウラン型とプルトニウム型の違いは形でわかる

一部の例外もありますが、原子爆弾の形からウラン型かプルトニウム型かを見分けることができます。

ファットマンに対してリトルボーイの特徴は細長いこと。リトルボーイにはウランが使われていますが、核爆発を起こさせるためにはウランが一定量以上、必要です。そこでウランを二つに分けて、一方を爆弾の前方に、もう一方を後方に置きます。そのうえで片側のウランの外側に爆薬を置き、これを爆破させて二つのウランを合体させ

## ウラン型は細長く、プルトニウム型は丸型

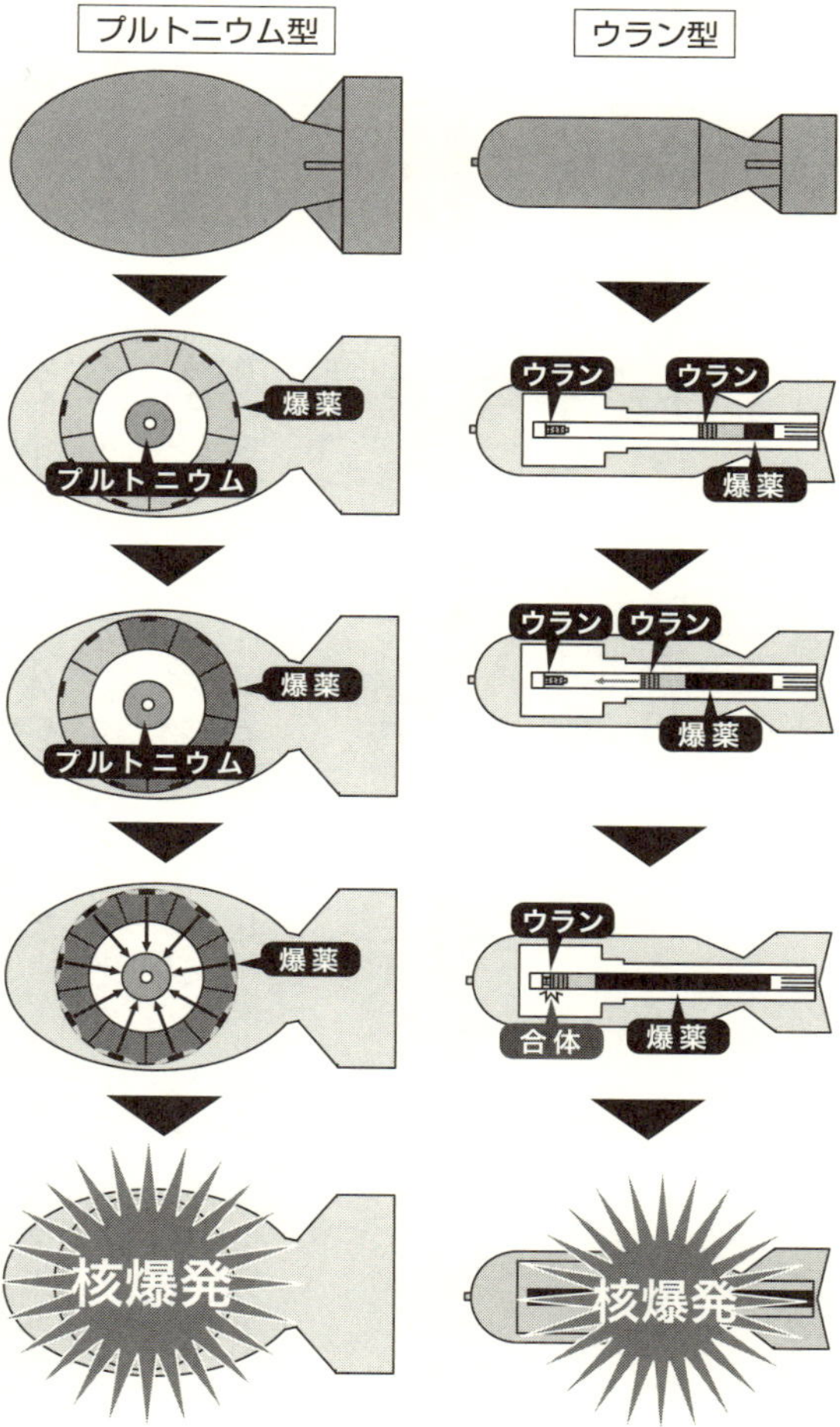

ます。これで核爆発を起こさせる仕組みになっています。

一方、ファットマンは丸形です。中が球体になっていて、プルトニウムの外側に火薬を配置して爆発させ、プルトニウムを中心に集めます。ウランと比べると、プルトニウムは少ない量でも核分裂を起こしてしまいます。そのため、ウランのように二つに分けずに小分けにし、爆薬でプルトニウムを一気に中心に集中させて核分裂を引き起こす仕組みになっているのです。

こうした仕組みの違いから、ウラン型は細長いのに対して、プルトニウム型は丸い形をしていると見分けることができます。

## ◉原爆が爆発したら何が起きるのか？

では、原爆が爆発したらどんなことが起こるのか？

「熱線、爆風、放射線」です。

爆発の瞬間に強烈な放射線、そして熱線が発生します。この熱線ですが、広島では、爆心地の地表の温度が3000～4000℃に達したと推定されています。鉄が溶ける温度が約1500℃といわれているので、どれだけ熱かったかがわかります。

そして、周囲の空気が膨張してすさまじい爆風が起きます。

恐ろしいのはそれだけではありません。「死の灰」と呼ばれる放射性降下物です。大気中に飛散した放射性物質が地表に降下してきます。空から放射能が降ってくるわけですから、それに触れると当然、被曝してしまいます。「死の灰」はとても恐ろしいものです。

原爆が投下された1945年の12月末までに、広島では約14万人、長崎では約7万4000人の方が亡くなりました。広島でも長崎でも、原爆が落ちた瞬間に亡くなった人以外にも大量の放射線を浴びてそのあと苦しみながら次々に死んでいったわけです。だから年末までにこれだけ多くの人が亡くなった。ということは、これだけの数になっていますが、その翌年も、さらに次の年も亡くなった人がいるということです。

## ◉原爆1000倍の威力　水爆の恐ろしさとは？

この原爆よりも100～1000倍のエネルギーを生み出すといわれているのが水

爆です。

この水爆の仕組みを説明するのに、こうたとえることができます。

「地上に太陽をつくり出す」

太陽は絶えず、ものすごいエネルギーを発しています。それは「核融合」という反応が起こっているからです。

原爆は原子が分裂する「核分裂」でした。それに対して水爆は、分裂ではなくて融合するのです。融合することによってとてつもないエネルギーが生み出されます。「地上でそれをやってみようじゃないか」「地上で小さな太陽を作り出そう」、これが水爆というものです。

では、どのように作るのか?

必要なのは、異なる二つの水素、重水素と三重水素です。水素を使うので水素爆弾と呼んでいます。

重水素と三重水素を融合させるとヘリウムと中性子が飛び出してきます。この水素の原子核が合体することを「核融合」といい、その際に膨大なエネルギーが発生しま

## 地上に太陽をつくり出す

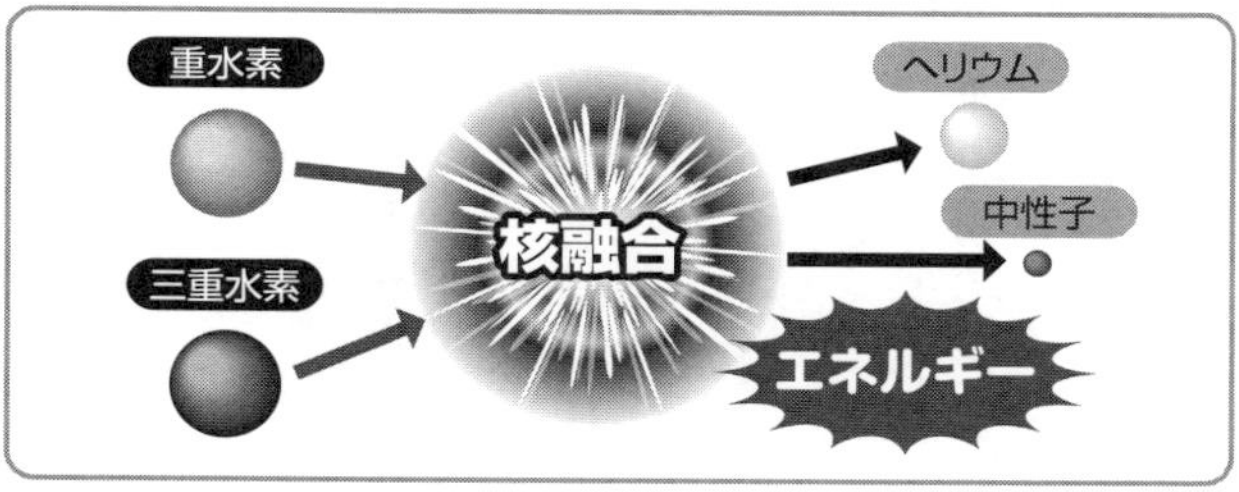


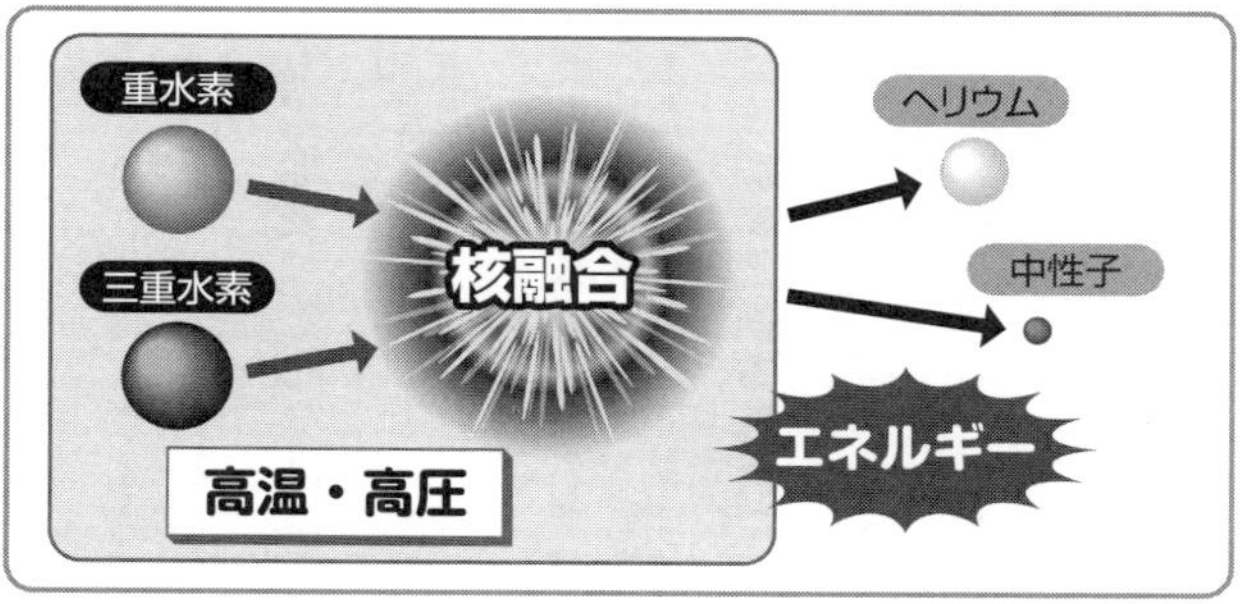


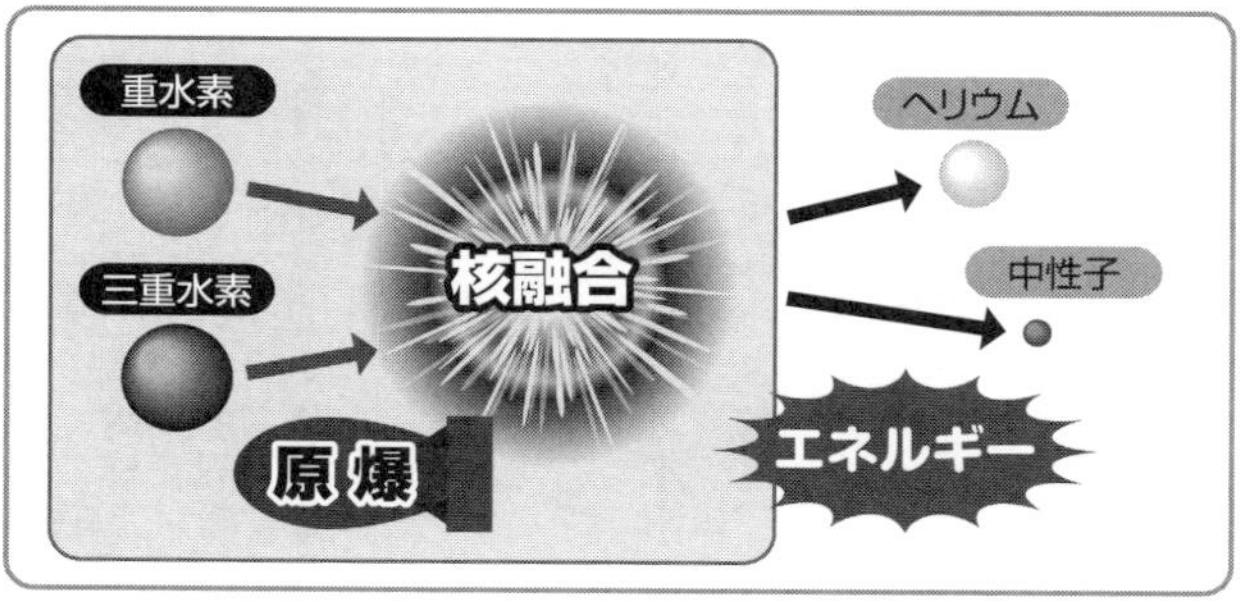

す。

核融合を起こすために必要となるのが、とてつもない高温と高圧です。太陽はとてつもない高温、そしてものすごい圧力があるから核融合がずっと続いているわけで、それを人工的に起こそうとしても、地表でそんな高温と高圧を作り出すことは簡単なことではありません。それだけのことをするには、特別なものが必要です。

それが原爆です。

実は、この高温と高圧を作り出すのが原爆なのです。

まず原爆を爆発させてとてつもない高温と高圧を引き起こし、それによって水素を融合させる。その結果、原爆をはるかに上回る膨大なエネルギーが生み出される。それが水素爆弾です。

## ◉旧ソ連が開発した世界最大の水爆、「ツァーリ・ボンバ」

水爆は原爆の100〜1000倍のエネルギーを生み出すと言いましたが、実は過去に、これをはるかに上回る世界最大の水爆が、旧ソ連、現在のロシアで造られました。

## 世界最大の水爆「ツァーリ・ボンバ」

「ツァーリ・ボンバ」の原寸大模型　（AA/時事通信フォト）

「ツァーリ・ボンバ」と呼ばれる水爆です。ロシアの博物館（「核兵器博物館」ロシア・サロフ）には原寸大のレプリカがあります。この博物館がある街には、他国の人はもとより、ロシア人でも許可がないと入れません。「ツァーリ」は帝政ロシアの時代の皇帝のこと、「ボンバ」は爆弾ですから、訳せば「皇帝爆弾」となります。全長8メートル、重さ27トンと、とにかく巨大な水爆が完成しました。

ところが、巨大すぎて実戦には不向きとされ、量産はされなかったそうです。

この「ツァーリ・ボンバ」を爆発させた実験映像が残っています。それを見ると、

## 「ツァーリ・ボンバ」の爆発実験が行われたノバヤゼムリャ島

実際、どれほどの威力だったのかがわかります。

旧ソ連が「ツァーリ・ボンバ」の爆発実験を行ったのは1961年10月30日。場所は北極海にあるノバヤゼムリャという島です。ここに爆撃機で爆弾を運び、水爆が落とされました。

水爆にはパラシュートがついています。なぜパラシュートがついているかというと、威力があまりにもすさまじいので、水爆を投下した飛行機が巻き込まれるかもしれないと考えたからです。爆撃機が爆心地から退避できるように、落下を遅らせたのだそうです。

爆発の威力は広島型原爆の3000倍以上。キノコ雲の大きさは、直径約40キロメートルにまで広がりました。

## ◉「水爆保有」を世界に見せつけた北朝鮮

ここまで核兵器の仕組みを解説してきましたが、気になるのは近年、核実験を繰り返している北朝鮮の動きです。

43ページの写真を見てください。上は2016年3月に金正恩委員長が核兵器開発の技術者を訪問した際の写真で、下は2017年9月に6回目の核実験を行った日に公開された写真です。

金正恩委員長の前に、上は球体、下はひょうたん型のものがあります。この形を見れば原爆か水爆かがわかります。

上の丸い方は長崎に落とされたファットマンと同じような形をしています。したがって上はプルトニウム型の原爆と見られています。

下は水爆と見られています。ひょうたん型であることから、まず原爆を爆発させて、それによって水素を融合させるという2段階になっていることがわかります。核兵器の専門家は、この形を見ただけでそれが何かわかるわけです。ですから、北朝鮮はわざとこういう写真を公開して、「水爆も造って成功させた」ということを世界に見せつけたのです。

写真に写っているのはおそらく模型だろうといわれていますが、実際に水爆の核実験に成功したのではないかと考えられています。

となると、アメリカは自分たちの国土に原爆や水爆を落とされるかもしれないと大きな危機感を持つわけです。一方、北朝鮮は、核実験やミサイル発射実験を繰り返してきたことでアメリカから先制攻撃されるのではないかと心配で心配で仕方がない。そこで早くニューヨークやワシントンを壊滅させられるような核ミサイルを完成させようとしてきたのです。

## ◉北朝鮮がちらつかせた「電磁パルス攻撃」とは?

さらに、脅威となるのはそれだけではありません。北朝鮮はこの水爆で「我々の水

## 北朝鮮が見せた水爆保有の証拠画像

2016年　原爆（プルトニウム型）

（朝鮮中央通信＝共同）

2017年　水　爆

（朝鮮中央通信＝共同）

爆は、巨大な殺傷・破壊力を発揮するだけでなく、超強力電磁パルス攻撃まで加えられる、多機能化された核弾頭である」と発表しています。それが「電磁パルス攻撃」です。

「電磁パルス攻撃」とは、一体どんな攻撃なのか？　実は、1962年にアメリカが行った核実験でこんなことがわかりました。北太平洋上空に核兵器を打ち上げて爆発させるという核実験でした。アメリカは高度約400キロの宇宙空間で水爆を爆発させたのです。その威力は、広島型原爆の約100倍でした。

この時、爆発させた上空から約1400キロも離れたハワイ・ホノルル上空でオーロラのような現象が確認されました。さらに、この核実験を同じくホノルルで撮影した写真を見ると、空が真っ赤になっていました。1400キロ以上離れたハワイからも、宇宙空間の核爆発が見えたわけです。

この後、ついていた街灯が消えたり、ラジオ信号が遮断されたりするなどの現象が起こりました。つまり、この実験によって、高い所で核爆発が起こると、電気系統に影響が及ぶことがわかったのです。

## 電磁パルスが発生すると何が起きるのか？

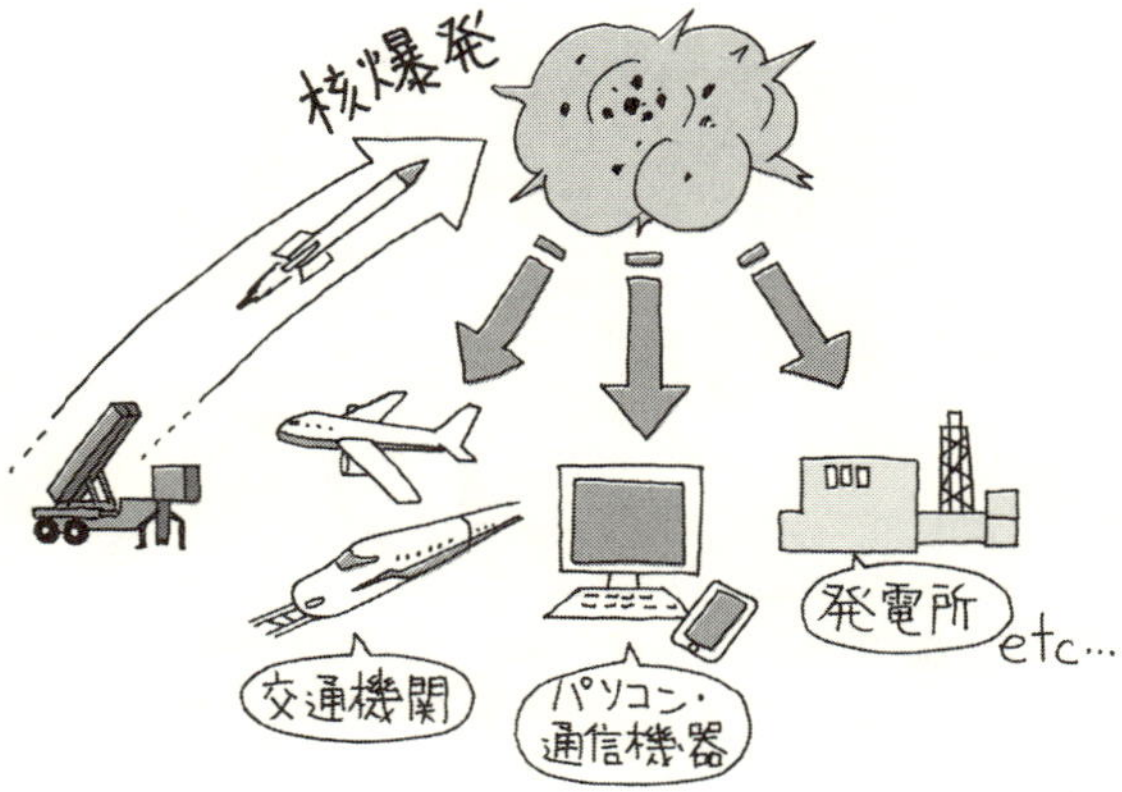


### ◉核爆発による電磁波で石器時代に逆戻り!?

もし今、北朝鮮がこの「電磁パルス攻撃」をしてきたら大変なことになります。

たとえば、北朝鮮が核弾頭を搭載した弾道ミサイルを日本に向けて発射したとします。

高度30～400キロで核爆発すると電磁パルスが発生するといわれており、高度100キロで日本列島全体に影響が及ぶといわれています。

核爆発によって大気中で強力な「電磁パルス」という電磁波が発生し、これが恐る

## 日本も電磁パルス攻撃の対策に乗り出した

■防衛相が電磁パルス研究施設視察

小野寺五典防衛相は17日、高高度の上空での核爆発による強い電磁波で電子機器などを破壊する「電磁パルス（EMP）攻撃」について、防衛装備庁電子装備研究所（東京都世田谷区）で、防護技術の研究施設などを視察した。小野寺氏は、実験用の密室でアンテナからパソコンに強い電磁波を当て、電源が一瞬で切れる様子などを視察。「重要な防衛施設や民間のライフラインが損なわれては大変だ。技術を開発し政府全体で共有する」と語った。

小野寺防衛相『電磁パルス』の研究所を視察

毎日新聞 2017年10月18日付

べき威力を発揮します。

実際に電磁パルスが発生すると何が起きるのかが、アメリカで公開された映画の中に描かれています。２０１６年に公開された映画に、巨大なテロ組織が大国アメリカをターゲットにして電磁パルス攻撃を仕掛ける場面が出てきます。

宇宙から「電磁パルス」を発射したという設定ですが、街の明かりが全部消えて、飛行機が墜落してしまいました。飛行機には電子部品が使われていますから、操縦不能になってしまうのです。

電気が使えなくなったら現代の私たちの生活は成り立ちません。

復旧も難しく、事実上の「石器時代」に戻ってしまうともいわれています。

人体への直接的な被害がないため「非殺傷兵器」ともいわれますが、アメリカの専門家によると、アメリカ全土が電磁パルス攻撃を受けた場合、「国民の9割が1年以内に死亡する可能性がある」といいます。

日本もその対策に乗り出しました。

「小野寺防衛相『電磁パルス』の研究所を視察」（毎日新聞2017年10月18日付）

2017年10月、防衛装備庁の研究室で行われた電磁パルスの実験を、小野寺防衛大臣が視察したというニュースです。

政府は、電磁パルス攻撃の関係省庁会議を設けて、防衛、経済産業、国土交通の三つの省を中心に対策を検討しているとのこと。

北朝鮮が言及した電磁パルスは、到底無視できない攻撃の一つだということが、これでおわかりいただけたと思います。

# 第3章

# 核分裂が生み出すエネルギー
# ドイツで世紀の大発見！

## ◉ヒトラー独裁の時代に発見された「ウランの原子核分裂」

なぜ世界から核兵器がなくならないのか？　ここからはその理由を見ていきましょう。

理由の一つは「ドイツで世紀の発見がなされたから」。一体どういうことでしょうか。その世紀の発見をしたのが、ドイツ人化学者のオットー・ハーン博士です。彼は1938年にウランの原子核が分裂して、そのときに莫大なエネルギーが生まれることを発見し、翌年、論文を発表しました。

一見すると人類にとって有意義な発見だと思われたのですが、「これによって莫大なエネルギーが得られる」と喜んだ人がいる一方で、「ちょっと待てよ。このエネルギーを使えば強力な爆弾が造れるんじゃないか？」と考える科学者たちも出てきました。

というのも、ドイツではこの発見の少し前、1933年からヒトラーが政権を握り、独裁政治が始まっていたからです。いわゆるナチス・ドイツの時代です。ユダヤ人の迫害が始まり、この頃、時代は戦争に向かっていました。となると、ドイツがもしこ

## 「ウランの原子核分裂」はヒトラー独裁時代に発見された

1933年からヒトラーが政権を握り独裁政権に。ナチス・ドイツの時代になりユダヤ人が迫害

ヒトラー　（AFP＝時事）

の発見を利用して新型爆弾を開発することができたら、「ドイツがヨーロッパを占領してしまうのではないか？」「世界中のユダヤ人が絶滅されてしまうのではないか？」と心配する科学者が大勢いたのです。

オットー・ハーン博士は、この「ウランの原子核分裂」の発見により1944年にノーベル化学賞を受賞しました。

実は、あまり知られていないのですが、この研究には一人のユダヤ系女性物理学者も関わっていました。リーゼ・マイトナーという人です。

この研究を最初に始めたのは彼女でした。その後、ハーン博士が加わり共同研究となりました。ところが、マイトナーはユダヤ系だったの

## 世紀の発見、研究をした二人の科学者

ドイツ人化学者
**オットー・ハーン博士**
（1879－1968）

ユダヤ系女性物理学者
**リーゼ・マイトナー博士**
（1878－1968）

（AFP＝時事）

で、ヒトラー政権の迫害を逃れるため研究を途中で断念してスウェーデンに亡命します。

その後、ハーン博士が論文を発表しノーベル賞を受賞することになりますが、ハーン博士には研究の途中でどうしてもわからないことがありました。そこでスウェーデンに亡命したリーゼ・マイトナーに疑問をぶつけます。それに対して彼女は「こういうことじゃないですか」と答えてくれた。これによって研究を成功させることができたのです。

ところが、リーゼ・マイトナーはユダヤ人です。ユダヤ人と共同研究したとな

ると自分も立場が悪くなることから、オットー・ハーン博士は彼女のことを一切隠したままこの研究を発表し、ノーベル賞を受賞することになったというわけです。

## ◉アインシュタインが起こした歴史的行動とは？

核分裂の発見をもとに「ドイツが新型爆弾を造るのではないか？」と強く考えたのは、アメリカに亡命していたユダヤ系科学者たちです。当時、大勢のユダヤ系科学者がヒトラーによる迫害を恐れてアメリカに亡命していました。彼らにしてみると、ハーン博士の研究発表を見れば、「新型爆弾が造れるのではないか」ということがわかるわけです。もしナチス・ドイツが先に新型爆弾を造ったら、ユダヤ人が根絶やしにされると強い危機感を抱くことになります。

そこで彼らはある人に相談しました。その人が、当時60歳のアルベルト・アインシュタインです。そのとき既に相対性理論で世界的に有名な物理学者でした。彼もユダヤ人でアメリカに亡命していました。アメリカに亡命していたユダヤ系科学者たちは、発言力のある人を探して「それならアインシュタインだろう。アインシュタインが声を上げてくれれば大きな影響力があるのではないか」と考えて彼に相談しました。

これを受けてアインシュタインは、第二次世界大戦が勃発する1カ月前の1939年8月にある行動を起こします。その行動は、後世において歴史的な出来事でした。

アインシュタインの右側の写真は同じく亡命していたユダヤ系のレオ・シラード博士です。この人も物理学者です。この後の出来事に大きく関わる歴史的にも重要な手紙を書いた人物です。誰に手紙を書いたと思いますか?

実は、第32代アメリカ大統領フランクリン・ルーズベルトです。

手紙は2枚からなり、注目すべきは以下の箇所です。

「新たに発見されたこの現象（核分裂）は、爆弾の製造にもつながるでしょう。これにより極めて強力な新型爆弾が造られることが考えられます」

ドイツがこの研究発表を使えばドイツが新型爆弾を造ることができてしまうんですよ、その危険性を知ってください、と大統領に訴える手紙でした。

ということは、結果として、アメリカもドイツに負けずに造る必要があるのではないでしょうか、ということにつながっていくことになります。

## 歴史的行動を起こした２人の科学者

ユダヤ系理論物理学者
**アルベルト・アインシュタイン博士**
（1879－1955）

ユダヤ系物理学者
**レオ・シラード博士**
（1898－1964）

（UPI＝共同）

第32代アメリカ大統領
**フランクリン・ルーズベルト**
（在任：1933－1945）

## ◉ノーベル賞学者21人が開発を支えた「マンハッタン計画」

そうしたなかで、アインシュタインが訴えていた脅威が現実になるかもしれない出来事が起きました。ドイツ軍のポーランド侵攻、すなわち第二次世界大戦の勃発です。

この状況を見て、ルーズベルト大統領はすぐに新型爆弾の開発や研究が実際にできるのか調査を始めさせました。そしてアメリカだけでなく同盟国イギリスの協力もあり、調査開始から3年後の1942年に本格的にプロジェクトが始まりました。そのプロジェクトについては、ご存じの方も多いでしょう。

「マンハッタン計画」です。

この計画を率いていたのは、ロバート・オッペンハイマー博士です。科学者や技術者など総勢、約12万人が携わり、その中にはのちのノーベル賞受賞者が21人もいました。この計画の予算は約20億ドル、現在の価値にして約2兆円でした。

この計画は全米各地に分かれてさまざまな実験を行っていました。オッペンハイマーが所長を務めていたのはロスアラモス研究所（ニューメキシコ州）です。ここでは主

## 「マンハッタン計画」を率いた物理学者

ユダヤ系アメリカ人物理学者

**ジョン・ロバート・オッペンハイマー博士**
(1904−1967)

## 研究・実験施設があった場所

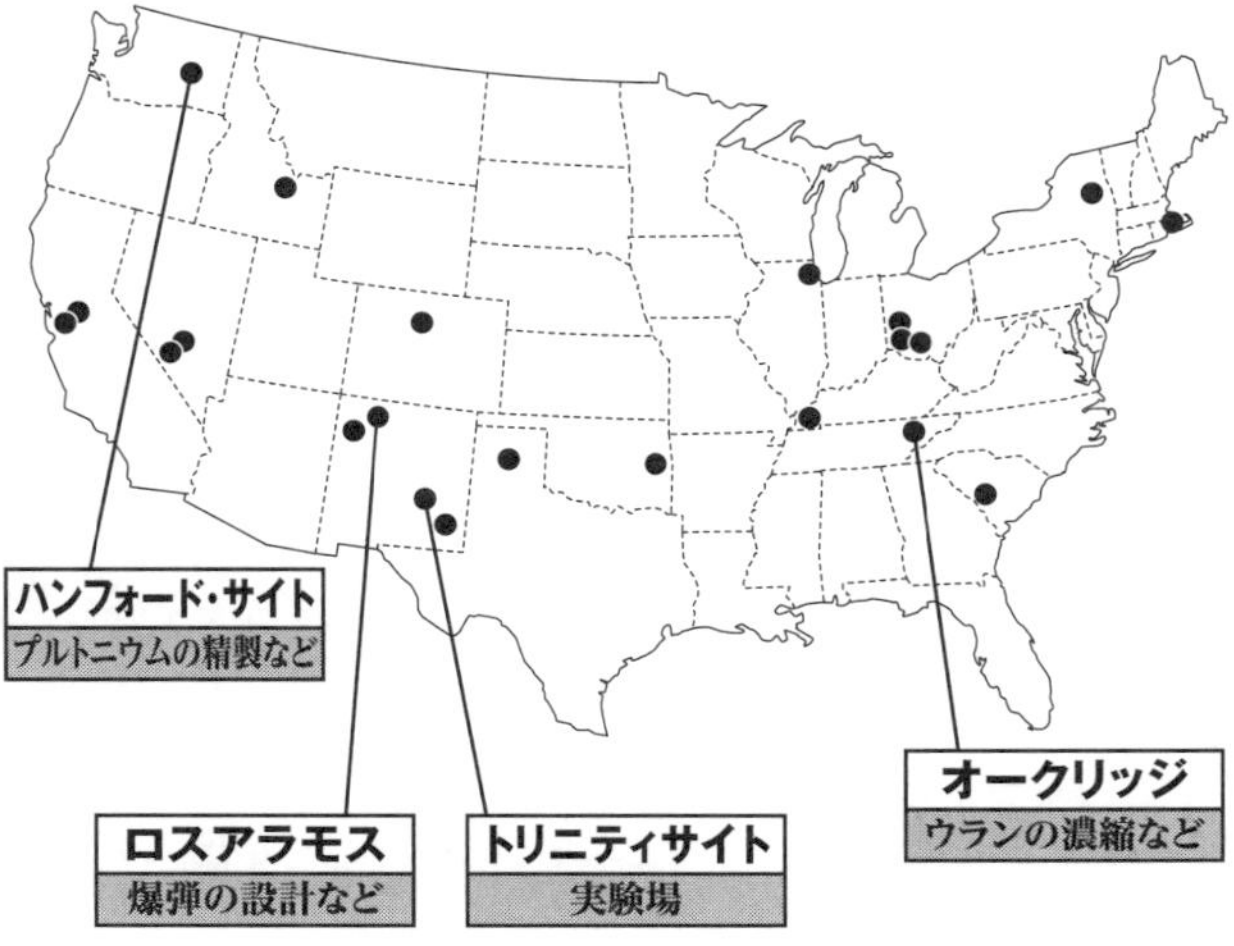

に爆弾の設計を行っていました。実際に原爆を造るためには、オークリッジ（テネシー州）でウランの濃縮を行い、これは広島に落とされる原爆につながっていきます。ハンフォード（ワシントン州）ではプルトニウムの精製、これは長崎に落とされる原爆につながっていくことになります。

このように、マンハッタン計画は役割を細分化して、それぞれの研究者が自分たちは一体何を造ろうとしているのかわからないようにしていました。プロジェクトの全体像をつかんでいたのは、ロスアラモス研究所の一握りの学者たちだけです。それ以外の人たちは、自分たちのやっていることが最終的に何につながるのかわかっていませんでした。広島に原爆が投下されたニュースを見て、「こういうことだったのか」と初めて知った人が多かったといわれています。

こうしてアメリカはドイツに先を越されないようにと国を挙げて原爆開発に邁進《まいしん》し、ついに原爆を造ることに成功します。

つまり、ヒトラー率いるドイツで「ウランの核分裂反応」を発見したことが、悲劇の始まりだったのです。

## ◉核兵器を使わない選択肢もあった！

多くの科学者たちが研究を重ね、新型爆弾は完成間近となりましたが、そのプロジェクトチームに衝撃的な出来事が起きます。

ドイツの降伏です。

ドイツが原爆を先に造ったら大変なことになると思って一生懸命造っていたのに、ドイツが降伏してしまった。もうドイツに対しては使えない。では、どうするか？もう核兵器は使わなくていいという選択肢は当然あったのです。計画の全貌を知っていた科学者の中には「もうこれ以上はやめるべきだ」と言う人もいたのですが、ドイツ降伏から3カ月後の1945年8月6日、広島に原子爆弾が投下されてしまいました。

対ドイツのために開発されていた原子爆弾がなぜ日本に投下されたのか？　その理由がわかるとなぜ核兵器がなくならないのかが見えてきます。どうして原子爆弾が広島・長崎に落とされたのでしょうか。

## ◉なぜ日本に落とした？　知られざる戦慄の理由

日本に原爆を落とした後、アメリカは「戦争を早く終わらせるため」という説明をしていました。しかし、アメリカの真意は別のところにあったのではないかといわれています。そのことが読み取れる、あるエピソードがあります。

では、広島に原子爆弾が投下される少し前に時計の針を戻しましょう。

1945年7月17日～8月2日にかけて、連合国（米・英・ソ連）の首脳陣が集まりドイツのポツダムで会談が行われました。いわゆるポツダム会談です。日本はまだ戦争をしていましたが、ここで終戦後の日本の占領政策が話し合われました。

ポツダム会談は当初、7月初めから始まる予定だったといわれているのですが、アメリカがある理由から日程の変更をしたのではないかといわれています。

その理由とは、

**「世界初の核実験のため」**

です。

## ポツダム会談（1945年7月17日～8月2日）

ドイツ・ベルリン郊外のポツダムで会談する
（左から）チャーチル、トルーマン、スターリンの英米ソ首脳
（共同通信）

アメリカは、ニューメキシコ州で「トリニティ実験」と呼ばれる人類初の核実験を行いました。長崎に投下された「ファットマン」と同型のプルトニウム型の原爆を使った核実験です。その威力は約20キロトンと長崎型原爆とほぼ同じでした。

注目してほしいのはその日程です。世界初の核実験が行われたのは1945年7月16日。ポツダム会談の前日なのです。

アメリカは、ポツダム会談の前に核実験に成功すれば、他国に対して、とりわけソ連に対して優位に立てると考えたのではないか。

というのも、ポツダム会談中にアメリカ

のトルーマン大統領はソ連のスターリン首相に対してこう言ったそうです。

「我々はとてつもない破壊力を持つ新兵器を手にしました」

つまり、アメリカはこれだけの力を手に入れたということを、ソ連に対してアピールしたかったのではないかと考えられるのです。

アメリカとソ連は連合国として一緒に戦っていましたが、次第に亀裂が走り始めていました。

「どうもソ連はアメリカとは違う方向に行こうとしているのではないか。第二次世界大戦が終わった後、アメリカはソ連と対立することになるのではないか。ならば、その前にアメリカの力を見せつけておこう」

こう考えたのではないかということです。

そのおよそ1カ月後、アメリカは広島に原爆を投下しました。実際に原爆がどれだけ恐ろしい力を持っているのかをソ連に見せつけて、ソ連に対し戦後、圧倒的に強い立場を確保しようとした。そのために原爆を使ったとも考えられるのです。

ドイツで発見された新しいエネルギーを使って完成した核兵器は、そのまま使わな

## 日本も核開発をしていた！

日本の新型爆弾開発の責任者

物理学者
仁科芳雄博士
(1890－1951)

いという選択肢もあったはずです。それなのに、アメリカは核兵器という悪魔に誘惑されてしまった。この時から「核兵器を持つことが大国の証しである」という時代が始まりました。だからこそ核兵器は世界からなくならないと言えるのです。

### ◉日本も核兵器開発をしていた

ここであなたに是非知ってもらいたいことがあります。

「日本も核兵器を開発していた」というのはご存じでしょうか。第二次世界大戦中のことです。

日本が核兵器を開発していたと聞けば、一体どういうことなのかと思いますよね。世界で初めて核兵器の開発が行われたのはアメリカの「マンハッタン計画」でした。日本でも、ほぼ同時期に新型爆弾の開発が行われていたのです。

それが「ニ号研究」です。

帝国陸軍航空本部がオットー・ハーンの研究を知って、日本でも新型爆弾の開発をしようということになりました。その新型爆弾開発の責任者に選ばれたのが、ニ号研究の名前の由来ともなっている、理化学研究所にいた仁科芳雄《にしなよしお》博士です。「日本の原子物理学の父」ともいわれる優れた物理学者で、当時の日本で最高の科学者の一人でした。「ニ号研究」という名前は、仁科博士の「仁」の右半分、カタカナの「ニ」から名付けられたといわれています。

しかし、これはもちろん誰もが知っているように、日本では原爆を完成させることができないまま戦争が終わりました。それには大きく三つの理由があります。

## ◉失敗に終わった「二号研究」と「F研究」

一つは、原爆製造に必要不可欠な燃料であるウランが国内にほとんどなかったこと

## 福島・石川町　ウラン鉱石採掘作業員たち

出典＝石川町歴史民俗資料館

です。

そのため、ウランを手に入れようとして当時日本が占領していた朝鮮半島や中国大陸、さらには東南アジア一帯まで探しましたが、ウランを見つけることができませんでした。それでも日本はなんとしてもウランを手に入れようとしました。

当時、福島県の石川町《いしかわまち》は、昔から稀少鉱物、さまざまな鉱物が見つかる場所として有名でした。陸軍は「ここにウランもあるのではないか」と考えてウラン鉱石の採掘を始めたのです。そのときの写真がありま す。

ウランを掘り出していた作業員たちが写

## あらゆる面で劣っていた日本の開発体制

| | マンハッタン計画 | ニ号研究 |
|---|---|---|
| 予算 | 約2兆円 | 約57億円 |
| 人員 | 総勢12万人 | 総勢数十人 |

現在の貨幣価値に換算

っていますが、後ろの方をよく見てください。どう見ても子どもにしか見えません。彼らは地元の中学生たちです。

およそ60人の中学生が集められて、軍人から「君たちが掘っている石がマッチ箱一つ分あれば、ニューヨークを吹き飛ばすことができる。だからお国のためにウランを見つけろ」と言われていたそうです。当時の日本の陸軍も、それだけの知識は持っていたということでしょう。

日本で核兵器が完成しなかった二つ目の理由は、予算です。マンハッタン計画の予算は現在の価値にして約2兆円。ニ号研究は約57億円でした。

三つ目の理由は、研究に携わった人員です。アメリカの総勢12万人に対してニ号研究は数十人と、圧倒的に差があったのです。

さらに、日本では陸軍が主導していたニ号研究とは別に、

## 広島に投下された原爆のキノコ雲

（米軍提供=共同通信）

海軍が主導して京都大学で「F研究」と呼ばれる研究も行っていました。

２０１７年12月、この「F研究」に、日本人初のノーベル賞受賞者、湯川秀樹博士も関与していたことが本人の日記で裏付けられたとしてニュースになりました。

このF研究も予算はわずか、人員も少数でした。マンハッタン計画が国を挙げて行っていた大規模な計画だったのに比べ、日本では組織も陸軍・海軍で一本化されておらず、開発体制があらゆる面で劣っていたため、完成には至りませんでした。

## ◉原爆投下直後、広島へ調査に向かった仁科芳雄博士

日本でも原爆開発が行われていたさなかの1945年8月6日、広島に新型爆弾が投下されます。これまでに経験したことのないすさまじい破壊力を持つこの新型爆弾の正体を明らかにしたのは、仁科博士でした。

広島に新型爆弾が落とされたと聞いた仁科博士は、その正体を探るため広島に向かいました。そこで仁科博士は、あるものを見て投下されたのは原子爆弾だとわかったそうです。

なぜ仁科博士は原爆だとわかったのか？

それを裏付ける貴重なものが残っているということで東京・文京区にある仁科記念財団を訪ねました。

仁科記念財団のあるところは、かつて日本を代表する多くの科学者たちが在籍した理化学研究所があった場所です。理化学研究所特別顧問の矢野安重さんが案内してくれました。

同財団の建物の中にある仁科記念室は、仁科博士が生前、使っていた当時のまま保存されているそうです。ここには仁科博士のさまざまな研究資料があり、黒板には仁科博士のメモ書きもそのまま残っています。

では、仁科博士が原子爆弾と判断した貴重な証拠とは一体どんなものなのでしょうか。

## ◉仁科博士が原子爆弾と結論づけた決定的証拠

矢野「これは間違いなく原爆だということを、（そうに）違いないと思った証拠となるものがあって」

と奥から出していただいたのが、何重にも覆われて保管されていたファイルです。

今回その貴重なものを特別に見せていただきました。

中から黒いものが出てきました。

## 原子爆弾の確信を得た証拠フィルム

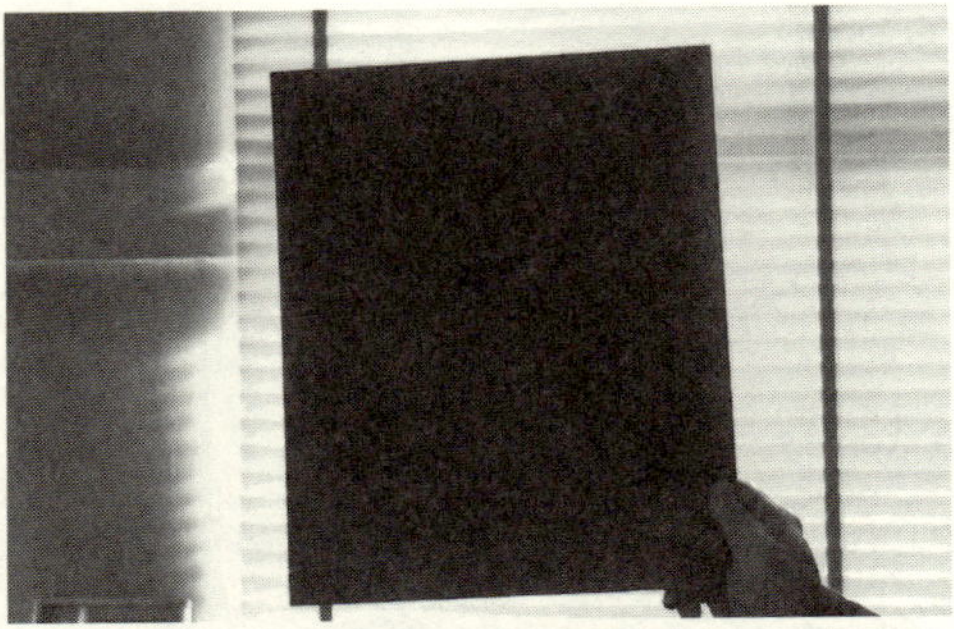

原子爆弾爆発で発生した放射線を浴び
**黒く感光した**写真乾板

矢野「これはレントゲン（X線）のフィルムなんですけども。仁科先生がこれで広島に落とされた爆弾は原子爆弾だというふうに確信を持った証拠のレントゲン（X線）写真なんですね」

光を通さないくらい真っ黒になっています。

実はこのフィルム、広島に投下された原子爆弾から出た放射線を浴びて感光してしまったから黒いのです。

仁科博士は広島に到着すると、爆心地に近い病院からX線フィルムを集めさせました。それらのフィルムを現像したところ、その中から、病院で撮影装置にセットされていて使われようとしていたため放射線を浴びてしまったフィルムが見つかったというわけです。

もう一枚、ほぼ同じ場所にあったフィルムを見ると、こちらは光を通しています。この違いはどこから生じたのでしょうか。ポイントは保管されていた場所です。光を通すフィルムの保管場所は亜鉛の引き箱の中でした。亜鉛には放射線を通しにくいという性質があります。そのためフィルムは感光しませんでした。

こうした調査状況などを踏まえて、仁科博士は広島に落とされた新型爆弾が原子爆弾であると判断したのです。

調査を行ったときの仁科博士のメモが残っていました。広島に入ってから現地で聞き込みをして、書き込んださまざまなメモがあります。

注目していただきたいのは、次ページの上から3番目の写真です。「判決」と書かれていますね。これは当時の陸軍が結論という意味で使っていた言葉です。その下の写真に「原子弾」という言葉が見えます。

「原子弾又は同程度のもの」というのが、仁科博士が広島の調査で導き出した結論で

## 仁科博士の調査メモ

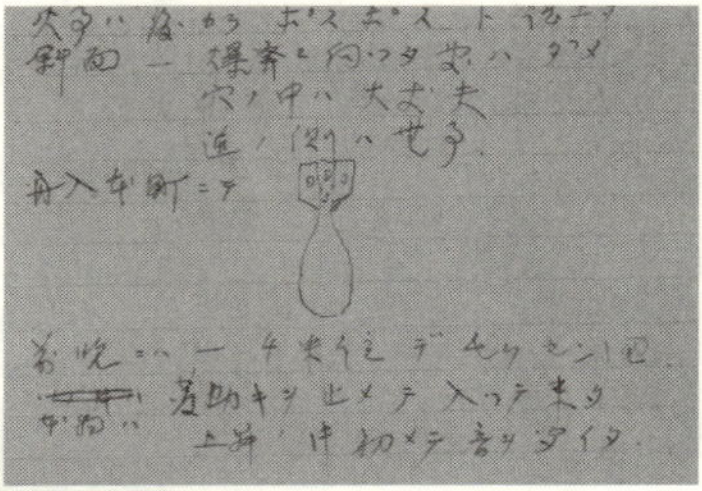

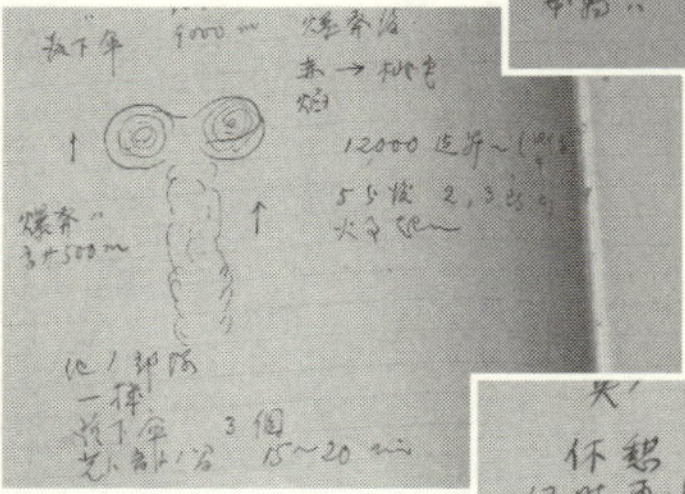

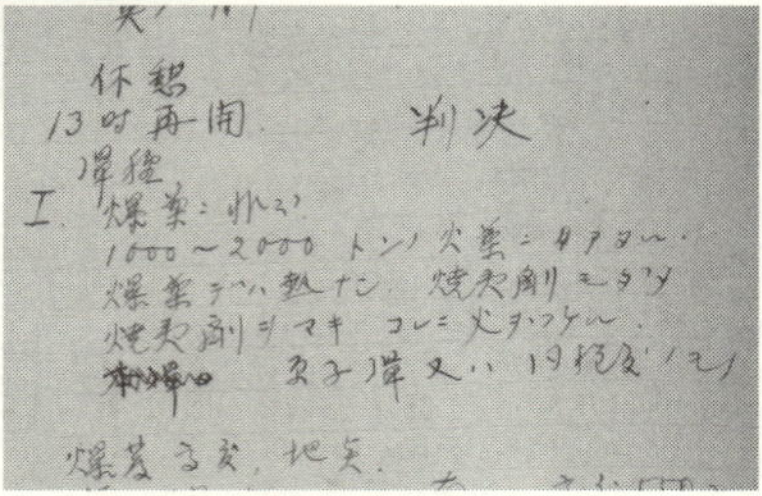

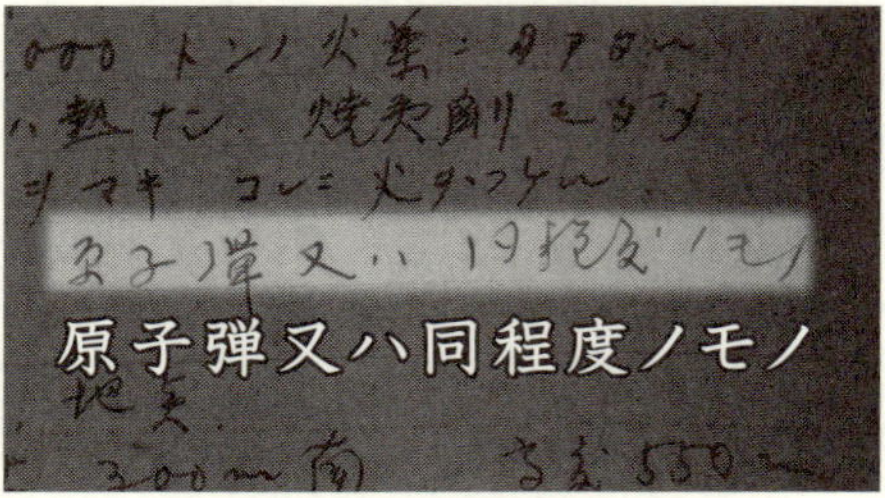

した。
断定はしていません。原子弾または同程度のものが広島に落とされたんだ、という
ことです。

# 第4章

# 核兵器が外交のカードになってしまった

## ◉核兵器の発射ボタンに手をかける国々

なぜ世界から核兵器がなくならないのか？　第2の理由は「核兵器が外交のカードになってしまったから」です。

外交のカードとは、簡単に言えば、外交を有利に進めるための切り札のことです。まずは現在、核兵器を保有し外交のカードを持っているといわれている国を、改めて確認しておきましょう。

多い順にロシア、アメリカ、フランス、中国、イギリス、パキスタン、インド、イスラエル、北朝鮮（ただし、イスラエルは〝持っている〟とも〝持っていない〟とも示していません）です。これだけ多くの国が核兵器を持つようになりました。しかし、広島・長崎に原爆が落とされて以降、一度も使われていません。なぜでしょうか。

一つには、日本の私たちが核の脅威を訴え続けたからです。広島と長崎に落としたことによって、こんなにひどいことになったということを世界が知った結果、うっかり使うわけにはいかないと考えられるようになったのです。

## 核の抑止力

最後の切り札「核兵器」があるからこそ、
表向きは仲良くできる

もう一つ、こういう考え方があります。上のイラストはイメージとして作成したものです。表向きは笑顔で握手していますが、もう一方の手では、核兵器の発射ボタンに手をかけています。言い換えれば、核兵器の発射ボタンに手をかけているからこそ、表では握手をしたり、笑顔を見せたり、見た目に仲良くしたりできるというわけです。これを称して「核の抑止力」と呼んでいます。

こういう状況では、両国とも相手に向かって核兵器を撃ち込むことができません。Aが撃ち込めばBも撃ち込んでくるからです。逆に言えば、自分も核兵器を持つことで相手が撃てなくなる。これが「核の抑止力」という考え方です。これが外交カードになってしまったために世界から核がなくならない、というわけなのです。

## ◉すさまじい核軍拡競争の始まり

第二次世界大戦後、「有利な外交カードを持ちたい」として、世界中ですさまじい軍拡競争が起こりました。広島・長崎への原爆投下により世界は「核の時代」に入ります。その中心となった国がアメリカと旧ソ連です。この二つの国の核兵器開発競争によって、最盛期には何十回も人類を滅亡させることができるだけの数の核兵器がこの地球上に存在しました。

なぜ、そんなにたくさんの核兵器を作ったのか？　この疑問を解くため、抑止力のために起こったアメリカとソ連の軍拡競争を見ていきましょう。

第二次世界大戦後、アメリカとソ連は鋭く対立し、東西冷戦時代が始まります。それは同時に核兵器開発競争の始まりでもありました。世界で初めて原爆を手にしたアメリカのトルーマン政権は、太平洋のマーシャル諸島で１９４６年に２回、48年に３

## ２つの国の核兵器開発競争

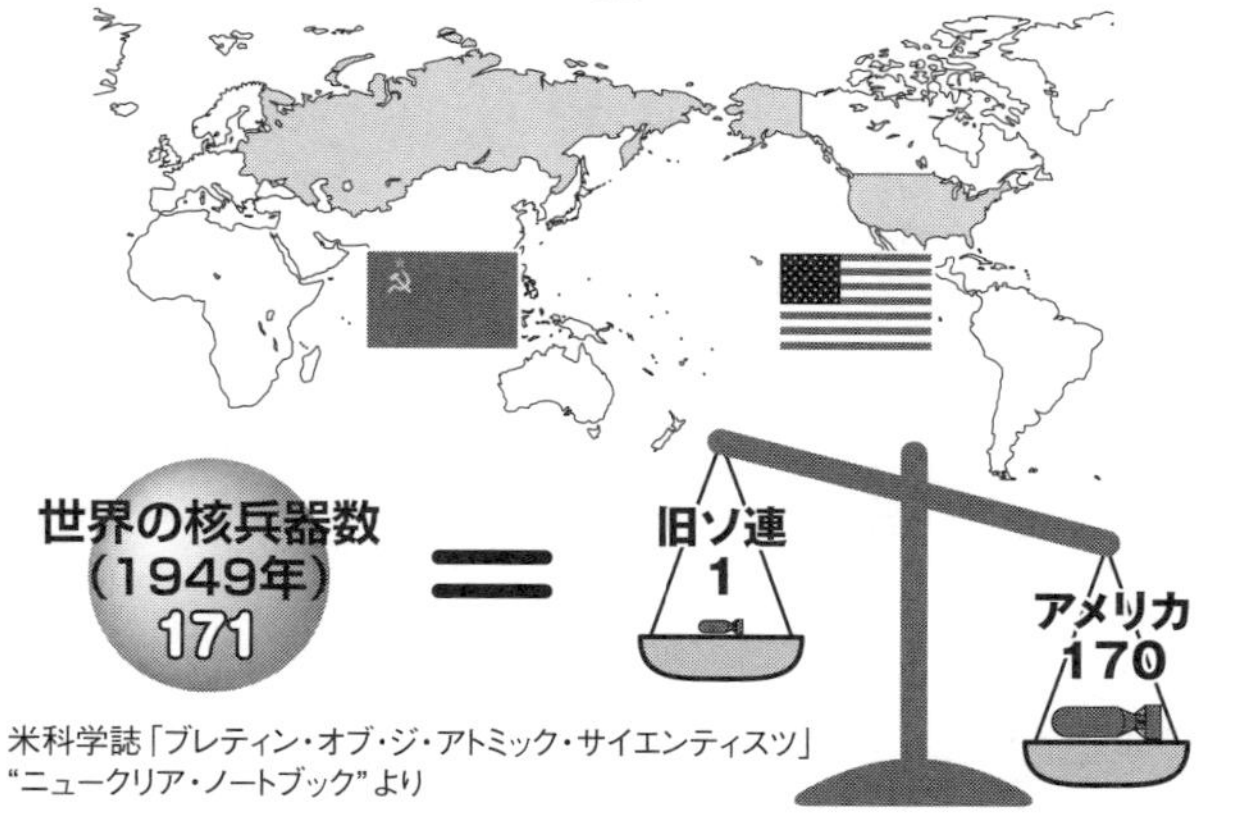


米科学誌「ブレティン・オブ・ジ・アトミック・サイエンティスツ」
“ニュークリア・ノートブック”より

回の核実験を行い、性能の向上を図るとともに、核兵器の数を増やしていきました。

１９４８年の段階でアメリカは50個の核兵器を持ち、まさに独占所有状態でした。しかし、アメリカが核兵器を持ってから４年後の１９４９年８月、スターリン率いるソ連が、現在のカザフスタン国内にあるセミパラチンスクで初の核実験に成功します。この原爆の威力は22キロトン。長崎型のファットマンと同じくらいの威力でした。

ソ連はこの実験で、実際の破壊力はどれほどなのかという調査もしていました。爆心地から２５０メートル間隔で距離を測り、建物や戦車、そして飛行機を配置したのです。さらには犬や羊などの動物約1500匹が置かれて、爆発後にどうなるかという調査までしました。

残された記録映像を見ると、爆心地から1500メートルの距離に置かれた飛行機は、完全に壊れています。重量のある戦車も横倒しになり、建物も崩れてしまっています。

動物たちはどうなったのかというと、1200メートルの距離にいた羊は、衝撃波による損傷で足がマヒしています。爆発によって3分の1ほどが死んでしまいました。今から考えれば、映像を撮っていたカメラマンも被曝して、大量の放射線を浴びていたはずです。

## ●ソ連は4年でアメリカの核兵器独占を打ち破った

ソ連が核実験に成功したことで、アメリカの核兵器独占時代は終わりました。それまでアメリカは、「ソ連は1960年代になるまで核兵器を開発できないだろう」と予測していました。たかをくっていたわけですが、ソ連がこんなにも早く核兵器を持ったことに衝撃を受けます。

さらにアメリカを驚かせたのは、ソ連が開発した原爆がアメリカのものととてもよく似ていたことです。

ソ連が核兵器をすぐに造れたのはなぜだと思いますか？

答えはこうです。

「マンハッタン計画の中にスパイがいた！」

アメリカのマンハッタン計画に加わった科学者の中に、ソ連に情報を流すスパイがいて、９０００ページに及ぶ機密資料がソ連に少しずつ渡ってしまったのです。

アメリカは、最初から原爆の造り方を知っていたわけではありません。ウランを濃縮するというやり方もあれば、プルトニウムの精製というやり方もある。どちらがいいかよくわからないから両方やってみよう、といった具合で、無駄もたくさんありました。

試行錯誤の末に、ウランを濃縮するよりも、プルトニウムの方が効率がいいとわかります。わかった段階でスパイがその情報をソ連に伝えれば、ソ連は初めからプルトニウム型に専念すればよくなります。「こうすればうまくいく」という秘密情報を知ることができれば、多くの時間を節約できるわけです。

スパイの動機はお金ではなくイデオロギーの問題でした。「世界の中でアメリカだけがこんなに強い力を持ってしまっては、世界平和は実現できない。対抗する社会主義のソ連も核兵器を持ってこそ世界は安定する」と考えた学者がソ連に情報を漏らしていたということです。

## ◉米ソともに水爆実験に成功

ソ連が原爆実験に成功したことで、アメリカは原爆よりも威力の強い爆弾を開発しようと考えます。

1952年11月1日、アメリカは初の水爆実験に成功。その威力は10メガトンと広島型原爆の約600倍に達しました。実験が行われたのは太平洋にあるマーシャル諸島のエルゲラブ島です。すさまじい破壊力により一瞬のうちに島が消えてしまいました。その跡は今も衛星画像で見ることができます。エルゲラブ島があった場所には、

## アメリカの水爆実験が行われたマーシャル諸島

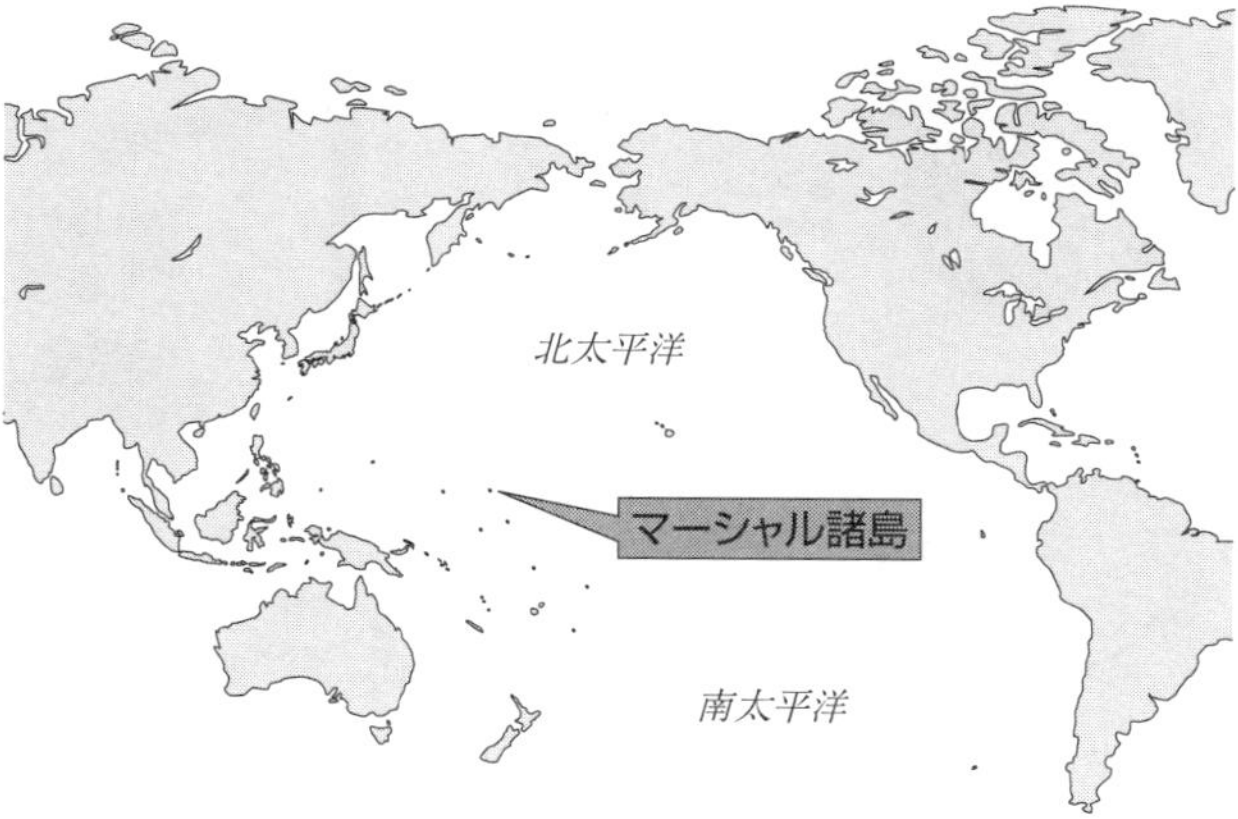


## 水爆実験の前と後

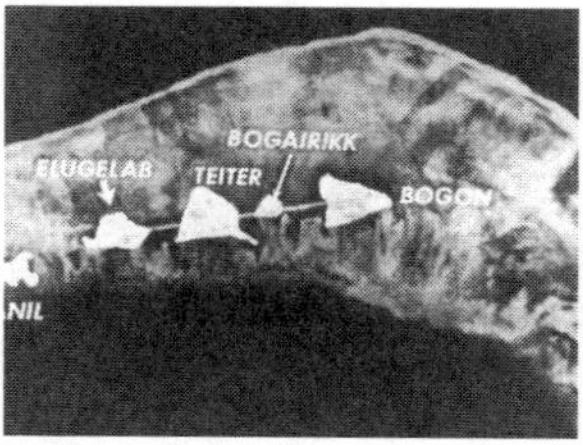


実験前は左側にエルゲラブ島があるのがわかる

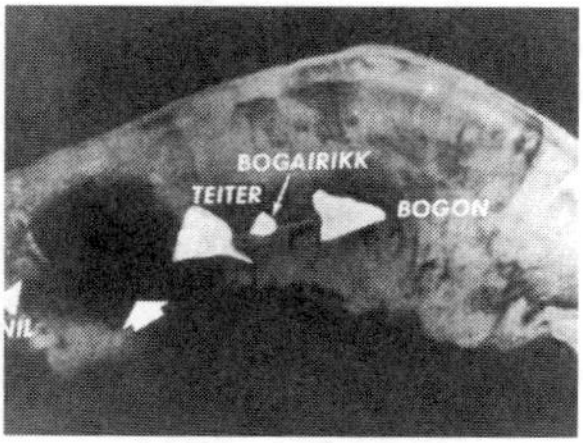


実験後、エルゲラブ島は消滅し、直径約1.9km、深さ約50mの巨大なクレーターが残った

## 核兵器を「より多く」「より強く」と競った

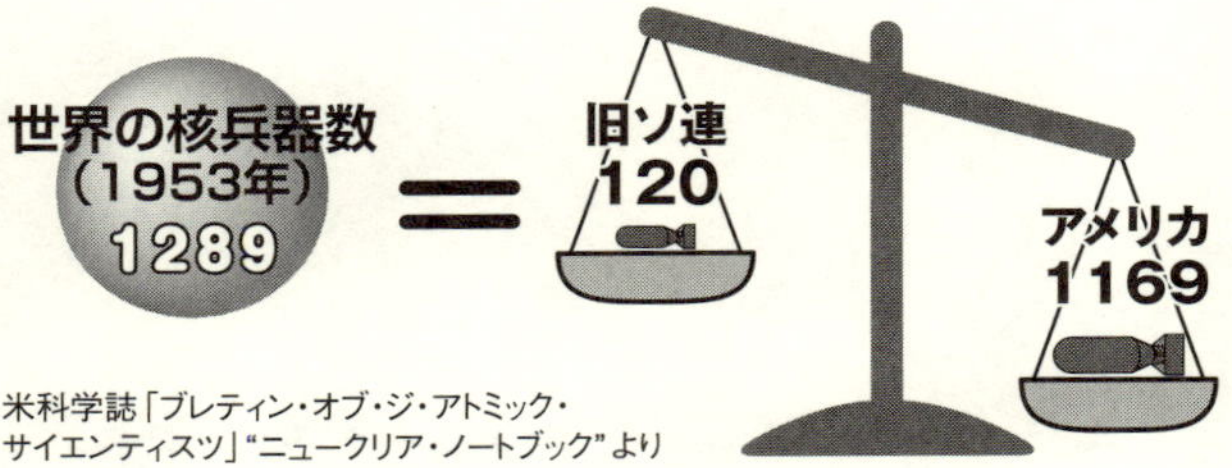

米科学誌「ブレティン・オブ・ジ・アトミック・サイエンティスツ」“ニュークリア・ノートブック”より

直径約1・9キロメートル、深さ約50メートルの巨大なクレーターが残りました。

原爆よりも威力の強い水爆を手にし、ソ連に対して再び優位に立ったアメリカは、さらに翌年の5月には核兵器の軽量化を目指し、ネバダ州でこんな実験を行いました。約360キログラムに軽量化された核砲弾を、なんと大砲から発射する実験です。発射された核砲弾は約10キロメートル先に着弾しました。

この大砲は「アトミックキャノン」（原子砲）と呼ばれています。前線部隊の用いる戦術核兵器として開発が進められましたが、自力移動ができず、この1回の実験にとどめられました。しかし、これがのちにミサイルに搭載される核弾頭の原型となるのです。

一方、ソ連は同じ年（1953年）の8月、セミパラチンスクで初の水爆実験に成功と発表します。威力は約400キロトン。広島型原爆の約25倍です。ソ連はアメリカに追いつくのに原爆では4年かかりましたが、水爆ではたったの9カ月しかかかりませんでした。

これ以降は、核兵器を「より強く」「より多く」という米ソの競争が激化しました。それに伴い、開発した核兵器が設計通りの爆発力を発揮できるかどうか調べるため、核実験を繰り返すようになります。すると、思いもよらず日本人の身に核実験の被害が及んでしまいました。

## ◉ビキニ環礁実験が引き起こした第五福竜丸事件

1954年3月、アメリカはアイゼンハワー大統領の下、マーシャル諸島ビキニ環礁で水爆実験を行いました。爆発の威力は15メガトン(広島型原爆の約900倍)。これはアメリカが行った核実験の中で最大の威力でした。

ところが、予定していたよりも威力が大きく、日本人が巻き込まれて被害を受けました。その悲劇を伝える当時のニュース映像が残っています。

「3月14日、静岡県焼津港にマグロ漁船『第五福竜丸』が入港しました。ところが、同船は3月1日ビキニ環礁で行われたアメリカの水爆実験に遭遇し、死の灰をかぶったというので、にわかに事は重大となりました。問題の灰を持って、乗組員の増田三次郎さんが上京。東大清水外科に入院。その顔は、見るも無残な原爆症状を呈していま す。

死の灰をかぶったマグロが16日朝、東京築地の魚市場に持ち込まれたことがわかって大騒ぎとなり、その危険な水爆マグロは、早速係員の突貫作業で地中深く埋葬されました。しかし、その後も続々南方からのマグロが水揚げされてきますが、水爆マグロの恐怖で、係官は汗だくの検査。食べても大丈夫というマグロには判が押されますが、買い手はなかなかつかない有様です。

一方、焼津に急行した東大の総合調査団は、18日朝から綿密に調査を開始。ガイガーカウンターの不気味な音が放射能のあることを示しています。今度の事件は、広島・長崎の原爆の悪夢をまざまざと思い起こさせますが、二度とあの日を繰り返して

## アイゼンハワー大統領の下、最大の威力の核実験が行われた

第34代アメリカ大統領
**ドワイト・D・アイゼンハワー**
（在任：1953年1月
〜1961年1月）

水爆被災 初の犠牲者

久保山さん死亡
全世界へショック深刻

遺体、画期的解剖に
各器官を化学分析

主因は放射能症 解剖所見

五百七十万円を
政府、対米折衝に決る

補償解決が急務

1954年9月24日付 読売新聞（夕刊）

はならないのです」（読売国際ニュース「水爆実験で死の灰かぶる」のナレーションから）

この後、「第五福竜丸」の無線長だった久保山さんが入院6カ月で亡くなりました。広島・長崎に次いでまたも日本人が被害に遭ったということで国民は憤慨します。これがきっかけで日本全国に原水爆禁止運動が広まっていきます。この運動はまたたく間に海外にも広がり、原水爆禁止を求める世界大会（第1回原水爆禁止世界大会）が1955年8月に広島で開催されました。

この事件では「第五福竜丸」だけがクローズアップされがちですが、実際には水爆実験が行われたとき、マーシャル諸島に近い太平洋上ではマグロ漁船がたくさん操業していました。多くのマグロ漁船が被曝していたことが明らかになったのは、後になってからです。

## ●核実験でアメリカにも多数の被曝者が出た

1955年5月、アメリカはネバダ州で次のような実験を行いました。「サバイバルタウン」と名付けられた記録映画でその実験の様子を知ることができます。

映画を見ると、作業員たちが鉄骨の頑丈な建物を建てています。室内にはマネキンも置かれ、カメラがセットされました。サバイバルタウンと呼ばれる場所で、爆心地から1・6～3・2キロのところに建物やマネキンを置き、核爆発による建物や人への影響を調べようというものです。

核爆発が起きた後、頑丈な建物が一瞬で文字通り粉々になってしまいました。マネキンも粉砕されました。

さらに1950年代、アメリカはこんな実験も行っていました。

記録映像によると、行進してきた大勢の兵士たちが、あちこちに掘られた塹壕《ざんごう》の中に入った後、6・4キロ離れた場所で核爆発を起こします。爆発の直後、彼らの目の前にキノコ雲が上がりました。塹壕から顔を出した兵士たちは爆風を浴びています。驚いたことに、このあと彼らは塹壕から飛び出して、なんとキノコ雲に向かって歩いていくのです。

つまり、アメリカは核兵器を戦場で使おうとしていたわけです。兵士たちは放射能のことをほとんど知らされずに、核爆発の後に敵に突撃する訓練をさせられていたのです。

重装備とは言えない服装で核実験に参加した兵士の中には、被曝して苦しんだ人も多かったそうです。

実は、これまでの調査では、核実験に参加した兵士や周辺住民約5万人が健康被害を受けたとされてきました（約5万人が米政府から賠償金を受け取っている）。しかし先日、ある調査により、核実験の影響により死亡した人は、従来の分析より34万～46万人も多いと発表されました（アリゾナ大学・メイヤー氏）。

現場の兵士たちが知らなかった以上に、兵士たちも実は人体実験されていたということです。

それにしても、アメリカやソ連はなぜこんなに核実験を繰り返したのでしょうか。「核実験が成功した」という事実自体が他国に対する脅威となるからです。これだけの爆発を起こす能力があるということを世界に見せつけていた、言い換えれば、これも抑止力になると考えられたのです。

# 第5章

# ICBM開発競争とキューバ危機の真相

## ◉ICBM発射実験ではソ連が先行

終戦から10年たった1955年の時点で、アメリカが2422個の核兵器、ソ連が200個の核兵器を持っていました。

この頃、両国は、どうやって相手の国を核兵器で攻撃するか、新たな手段を得ようと技術開発を進めていました。その手段の一つがロケットです。

もともとこの技術を持っていたのはナチス・ドイツです。第二次世界大戦中、ナチス・ドイツはイギリス本土を攻撃する「V2ロケット」を開発して実戦に使っていました。このロケットがロンドンに次々に落ちてきて、イギリスが大きな被害を受けたのです。

戦後、こうしたロケット開発に着手していた技術者たちはアメリカやソ連に渡りました。ドイツは東西に分割されたので、ソ連占領下の東ドイツにいた科学者たちはソ連に行き、アメリカなどが占領した西ドイツにいた科学者たちはアメリカに渡ります。そうやってアメリカとソ連の両方にロケット技術が広がりました。それによって開発

## 核兵器数でアメリカ優位が続いた

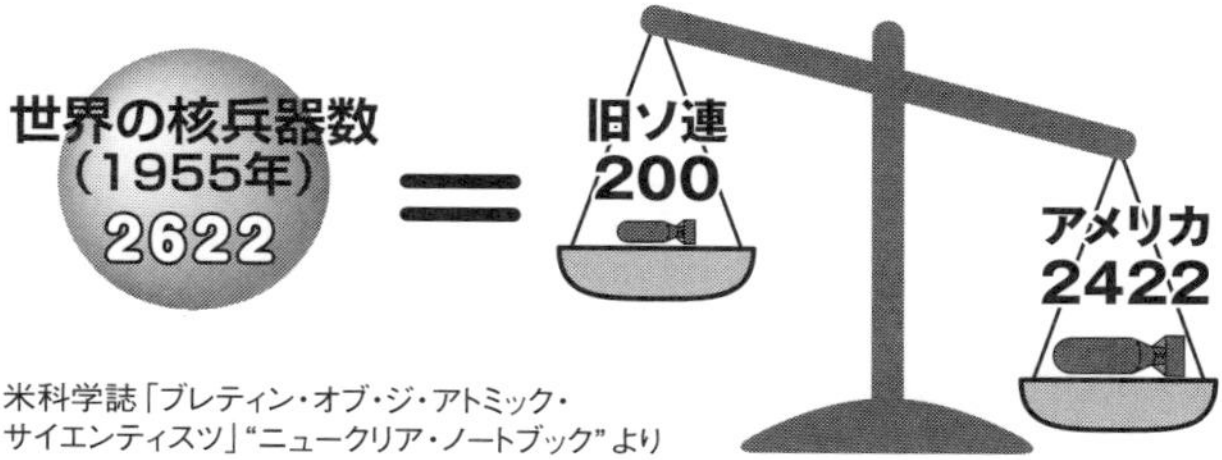


米科学誌「ブレティン・オブ・ジ・アトミック・サイエンティスツ」"ニュークリア・ノートブック"より

## ナチス・ドイツが開発したV2ロケット

（ROGER_VIOLLET）

されたのが大陸間弾道ミサイル（ＩＣＢＭ）です。

では、先にこの技術を手にしたのはどちらでしょうか。

１９５７年6月、アイゼンハワー大統領率いるアメリカはＩＣＢＭ「アトラス」の発射実験を行いました。しかし失敗に終わります。その2カ月後の8月、今度はフルシチョフ政権の下、ソ連がＩＣＢＭ「Ｒ－７」の発射実験を行います。この実験は成功しました。６０００キロメートルの長距離飛行を可能にするＩＣＢＭを先に手にしたのはソ連でした。

ソ連に先に越され、焦っていたアメリカは、その1カ月後に2回目の実験を行います。しかし、またしても失敗。そして12月、三度目の発射実験で初めて成功しました。ソ連の成功から4カ月後、アメリカはようやくＩＣＢＭを手にします。

## ●「スプートニク・ショック」に揺れた日本

ＩＣＢＭの開発ではソ連が一歩リードしていましたが、弾道ミサイルを開発するという延長線上でアメリカとソ連がしのぎを削って開発していたものがありました。

## 旧ソ連が開発したICBM「R-7」型ロケット

それが人工衛星です。人工衛星を使えば、宇宙から敵国を監視することができます。

1957年10月4日、ソ連が開発したICBM「R-7」型のロケットが世界初の人工衛星「スプートニク」を宇宙に打ち上げました。

またも先を越されたアメリカは、その翌年、初めての人工衛星「エクスプローラー1号」の打ち上げに成功しました（1958年1月31日）。その後も人や動物を乗せた宇宙ロケットや人類を月に送ったアポロ計画など、米ソの間で宇宙開発競争が繰り広げられたのです。

ソ連が初めて人工衛星を打ち上げたこと

は、「スプートニク・ショック」といわれて日本の教育界にも大きな影響を与えました。戦後の日本の教育は、どちらかというと「ゆとりがある教育」といわれていたのですが、東西冷戦で「西」、つまりアメリカ側についた日本は、敵対する「東」のソ連に先を越されたとして、理系教育を強化する必要があると考えるようになります。カリキュラムが大きく変わり、小学校でも中学校でも算数や数学の内容が高度になりました。これはアメリカも同じです。

人工衛星を打ち上げる技術は、もちろん人類の進歩にも生かされました。一方で、他国に対しては「わが国はここまでの技術を持った」というアピールにもなります。核兵器開発と宇宙開発は、実は表裏一体だということです。

## ●キューバ危機で核戦争寸前の事態に

1957年、アメリカはネバダ州の核実験場で地下核実験を行いました。深さ約270メートルの地下で核爆発を起こすというもので、威力は1・7キロトンでした。このアメリカは爆発を完全に地下に封じ込める実験にこのとき初めて成功しました。この

## 核戦争寸前で、世界が震えた！

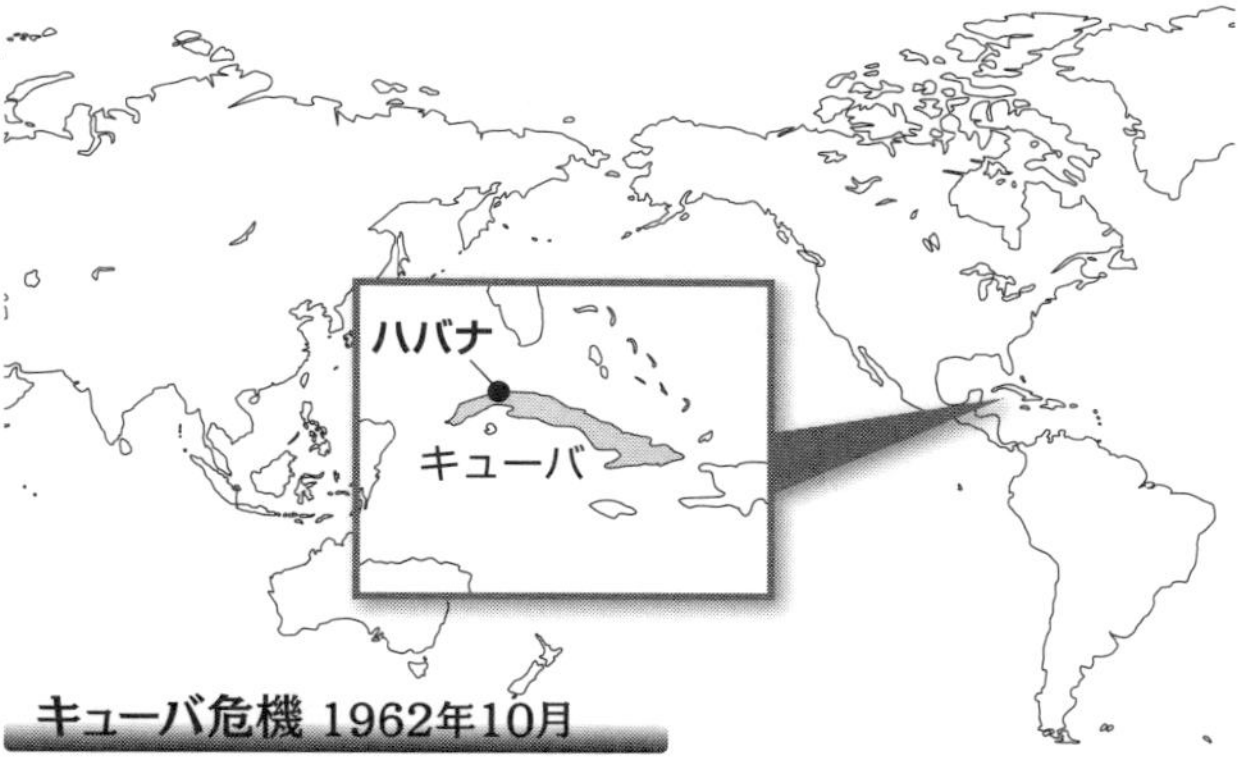


実験以降、地下核実験が世界で主流になっていきます。

1963年には、核実験による大気汚染問題などもあり、地下以外での実験を禁止する条約（部分的核実験禁止条約 PTBT）も結ばれました。

そうした状況の中で1962年10月、米ソが核兵器の使用を覚悟したまさに一触即発の出来事が起こります。

高校の世界史で習った方も多いでしょう。これがキューバ危機です。

13日間という非常に短い期間でしたが、アメリカとソ連が核戦争の寸前まで行った、「第三次世界大戦が始まるんじゃないか」

とまで言われた出来事です。

きっかけは、アメリカ軍の偵察機がキューバの上空から撮影した写真でした。ソ連のミサイル基地が建設されていることが明らかになったのです。

ソ連は、もしアメリカと戦争になったらキューバからミサイルを発射すればニューヨークやワシントンを壊滅状態にすることができると考えました。当時はまだ大陸間弾道ミサイルが実戦配備されておらず、ソ連からアメリカまで届かせることができませんでした。そこでアメリカ本土のすぐ近くにミサイルを置いておけば、アメリカに甚大な被害を与えられると考えたわけです。

ソ連がキューバにミサイル基地を建設していることがわかると、ジョン・F・ケネディ大統領は10月22日、その事実をアメリカ国民に伝えました。

「この数週間の証拠によって、あの閉鎖された島（キューバ）にミサイル基地が準備されていることがわかりました」（米・ホワイトハウス）

## テレビ演説でキューバの海上封鎖を発表するケネディ大統領

あの閉鎖された島
(キューバ)に
ミサイル基地が
準備されていること
がわかりました

第35代アメリカ大統領
ジョン・F・ケネディ

(ゲッティ=共同)

同時に、ケネディ大統領はその対応策も発表します。

「基地の増強を中止させるため、キューバに輸送中の軍備に対し厳重な臨検を始めます」(同)

この時、ケネディ大統領はキューバの海上封鎖を命じるとともに、もしキューバから核ミサイルが発射された場合には、ソ連に対し報復措置をとることを宣言しました。両国は核戦争寸前の事態に陥ります。

アメリカ軍は、核搭載弾道ミサイルの発射準備や核兵器を積んだ爆撃機を24時間態勢で空中待機させるなど厳戒態勢に入りました。

キューバでは、アメリカ軍の攻撃を想定して総動員令を発令。正規軍に加え、市民25万人が民兵として防衛態勢に入りました。

そして10月27日、最大の危機が訪れます。アメリカの偵察機がキューバの海軍施設上空でソ連軍のミサイルに撃墜され、パイロットが死亡するという事件が起こったのです。この攻撃で両国の緊張は一気に増します。

しかし翌28日、ソ連のフルシチョフ首相は突如キューバから核ミサイルの撤去を表明。ソ連の貨物船は次々と引き揚げていきました。

核戦争の危機は回避されましたが、一体なぜソ連は突如撤退したのか？　それには理由がありました。

## ◉ケネディとフルシチョフは核戦争回避のために動いた

当時は「ケネディが勝った！」と言われました。ケネディが強硬な態度をとったのでソ連のフルシチョフが尻尾を巻いて逃げ出したかのような報道がされたのですが、

## 核戦争の危機はどうやって回避されたのか？

実際はそうではありませんでした。裏でアメリカのケネディ大統領とソ連のフルシチョフ首相の間で書簡でのやり取りが行われていて、この決断に至ったのです。

実はそれより前、アメリカはトルコにミサイル基地を造っていました。つまり、トルコに核ミサイルを配備していつでもソ連の首都モスクワに届くようにしていた。ソ連がキューバに核ミサイルを配備したのは、これに対抗するためでした。

そこでケネディ大統領は、今キューバから撤退してくれれば、その後でトルコから核ミサイルを撤去するという密約をフルシチョフ首相との間で結びました。表向きはケネディが勝ったということで撤退したのですが、その後しばらくしてアメリカは密かにトルコから核ミサイルを撤去しています。

お互い核戦争になることを恐れたということです。

当時、私は小学校6年生でした。核戦争が起きれば、当然、日本にあるアメリカ軍基地に向かってソ連から核ミサイルが雨あられと降ってくるので日本は全滅します。キューバ危機のニュースを見て、「僕は12歳で人生が終わってしまうんだ」と思ったものです。ソ連の貨物船が引き返したというニュースが流れたときは本当にホッとしました。

このように、キューバ危機によって世界で核戦争への恐怖がいっそう高まることになりました。

## ●地下65メートルにあるソ連の秘密基地「バンカー42」

このキューバ危機の際、いつ核戦争が起こるかわからないという状況の中で、ソ連では軍の最高司令官たちが、アメリカに核攻撃するかどうかという重要な話し合いを

## 核戦争に備えた地下65mの巨大施設

地下鉄
「タガンスカヤ駅」

地下約65mに
駅のホーム

地下基地につながる
秘密の扉

地下基地として使われ
ていた「バンカー 42」

していました。その場所はソ連軍の基地の会議室です。一体どんな場所にあるのか、現在も残されている地下基地を取材しました。

ロシアの首都モスクワの中心部にある地下鉄タガンスカヤ駅。この駅のホームは地下約65メートルととても深い場所にあります。このホームのどこかにキューバ危機の際に使われた基地へとつながる秘密の扉があるといいます。その扉はホームの奥にありました。

一体なぜ地下鉄に基地とつながる扉を造ったのでしょうか。扉の向こう側には、現在博物館として公開されている「バンカー42」という地下基地があります。館長のセルゲイ・カメンスキーさんに扉の秘密を教えていただきました。

「最高司令官用の出入り口だったのです。彼（最高司令官）らは私服でした。秘密の基地ですから、ここに入ってから軍服に着替えていたんです。地下鉄の利用者には（地下鉄の）職員が出入りしていたと思われていたようです」

最高司令官たちは、基地の存在を知られないように地下鉄から出入りしていました。この地下基地の面積は約7000平方メートル。サッカーコートと同じぐらいの広さ

## 地下基地「バンカー 42」

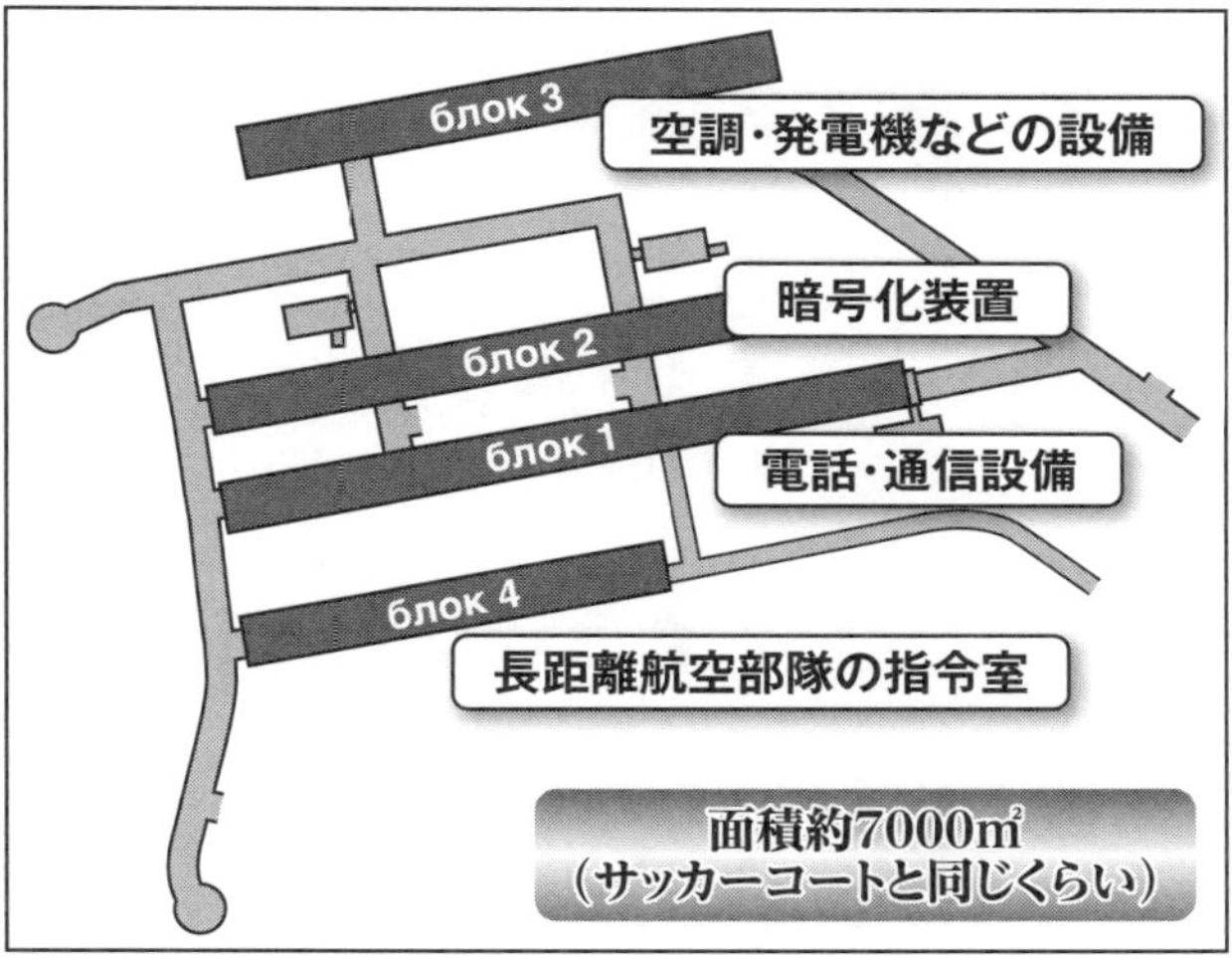

ここで実際に核攻撃をするかどうかの
話し合いが行われていた

です。四つのブロックからなり、第1、第2、第3ブロックに通信施設や暗号化装置、空調・発電機などの運用設備があり、第4ブロックにキューバ危機のとき実際に使われた会議室があります。

厳重に閉ざされた扉を開け、中に入りました。

「1962年10月17日から27日までの間、完全な厳戒態勢でした。キューバ危機の時です。まさにこの場所で『アメリカが攻撃してきたら核兵器で反撃する』という決断を下したのです」（セルゲイさん）

実際に核攻撃は実行されませんでしたが、当時の最高司令官たちが11日間にわたり、この会議室で核攻撃をするかどうかの話し合いをしていたのです。そして会議室で決定した最高司令官の指令や機密情報は通信室から他の部隊などへ発信されていました。通信室は機密情報を取り扱うため、常に警備がついていたそうです。

## ◉核攻撃にも耐えられる頑丈な構造

気になるのは、地下65メートルにある基地がもし核攻撃を受けたらどうなるのかということです。核攻撃を受けたとき、基地内ではどうなるのか見せていただきました。警報が鳴り、基地は厳戒態勢に入ります。

施設の所々で見られる壁は、もし核攻撃を受けても放射線を防護する頑丈《じゅうこう》な造りになっています。さらに別の入り口の扉は、重さ約2トン、厚さ約40センチの重厚な造りでできていました。

「当時は核実験のみならず、このような地下施設もテストされていました。さまざまな深さで小さめの避難所を造りました。そして50メートルより深いと、より核攻撃に耐えられることがわかったのです」（セルゲイさん）

繰り返し実験を行い、安全性も兼ね備えた基地の建設を指示したのはヨシフ・スターリン首相です。アメリカとの冷戦時代、核攻撃にも耐えうる軍の司令室を地下に造るようスターリン首相が指示。1950年に建設を始め、キューバ危機の6年前、1956年に完成しました。しかし、その完成を見ることなくスターリン首相は1953年に亡くなりました。

## 安全性も兼ね備えた地下基地

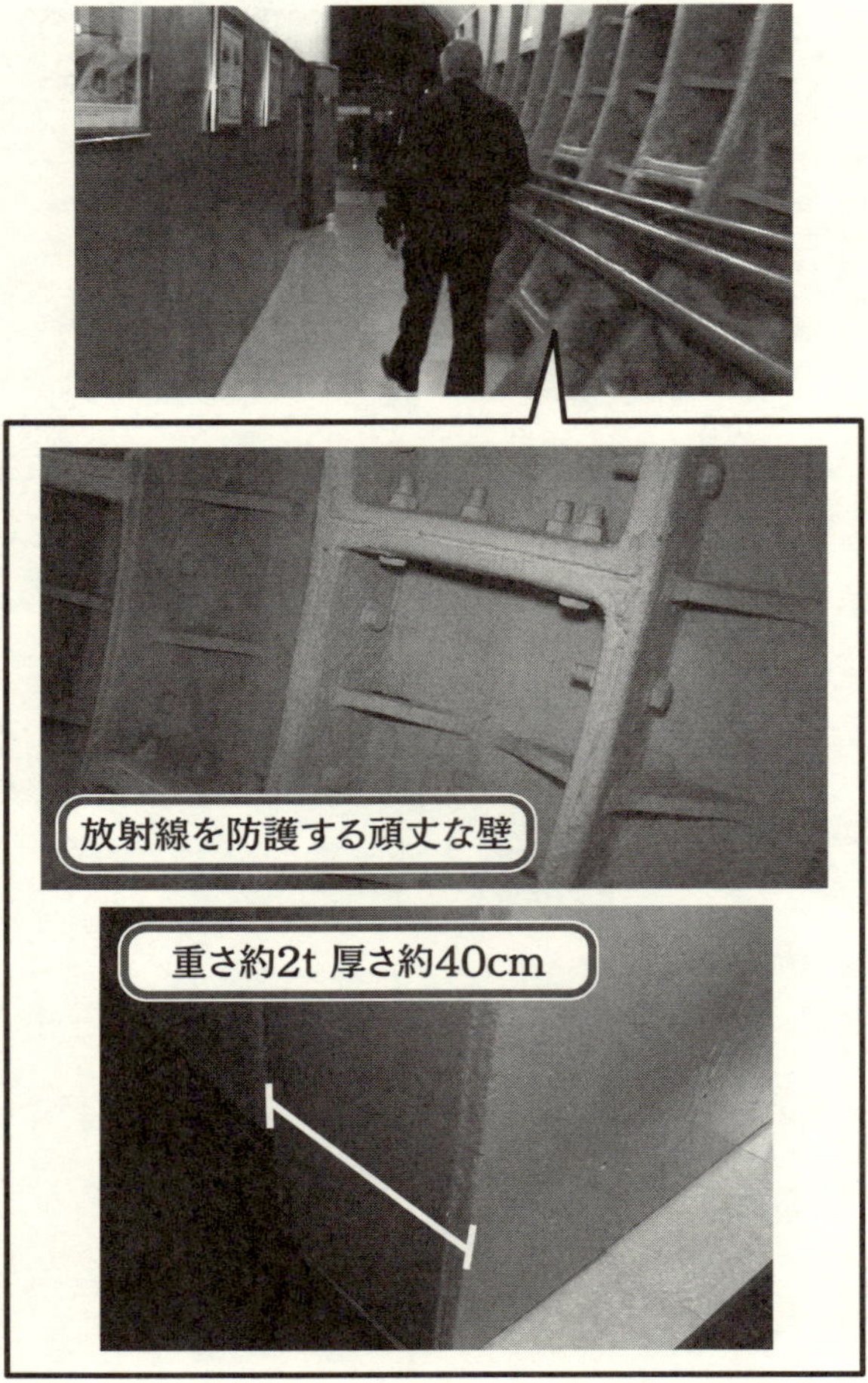

## 地下基地の建設を指示したスターリン首相

（共同通信）

### ◉ロシアでは現在も核シェルターを建設中

東西冷戦時代、地下核シェルターは一般の家庭や公共施設にも造られました。

取材したマンション街には今も使用可能なシェルターがあります。入り口の扉は重厚な造りで、放射線が入り込まないようにしっかりと密閉されます。中の面積は約2000平方メートル。付近のマンションの住民が避難できるだけの広さです。

電気が使えなくなった際に使用される発電室や、放射能など有害物質を濾過《ろか》し、シェルター内に清浄な空気を送り込む換気設

## 一般家庭や公共施設にも造られた核シェルター

発電室

シェルター入り口

換気設備

面積約2000㎡
付近の住民が
避難できる広さ

貯水室

備がありました。有事の際には貯水室のタンクの中に水が貯められます。トイレは貯水室の水で流せる水洗式です。

ソ連時代、モスクワには市民が避難できるシェルターがどれくらいあったのか聞いてみました。

「正確にはわかりませんが、数千カ所あったのは間違いないでしょう。今でも建設しています」（ロシア非常事態省のワジム・ビクトロビッチさん）

モスクワには現在も身近な場所に多くのシェルターがあります。たとえば地下鉄。どこの駅も深い場所にあり、いざという時にはシェルターに早変わりします。冷戦終結から30年近くたった今でも、ロシアでは戦争や核攻撃などに備え、シェルターをいつでも使えるようにしているのです。

先ほどのバンカー42は、地下鉄のホームから入るのは秘密の入り口でした。普通の人は地上から入るのですが、そのための建物があり、アメリカの偵察衛星にも気づかれないようにごく普通の住宅になっています。その建物から基地へ行くには、地下18階まで続く階段を下りていきます。

本来は秘密の建物なのに、今回、私たちに取材させてくれたのはなぜだと思います
か?
もう古くなって用済みになったからです。今はもっと最新式のものを別の場所に造
ったので、「昔はこんなことをしていたんだ」と人々に見せているということです。

# 第6章

# 「核の抑止力」で平和が保たれてきた!?

## ◉「核の抑止力」とは何か

第二次世界大戦から始まった東西冷戦で米ソの軍拡競争が過熱し、1978年にはついにソ連の核兵器の数がアメリカを上回ります。そして1986年、世界の核兵器の数はついに最大となります。実に6万4099発の核兵器が地球上に存在していたのです。これは人類を何十回も滅亡させることのできる数でした。

それにしても、「なぜこんなに多くの核兵器が必要なのか」と言いたくなります。「もっと少なくてもいいのに」とは誰しも思うところですが、そうではないのです。これには「核の抑止力」という考え方が関係しています。

核抑止力とは、たとえば相手国が核兵器を1000発持っていたとします。これに対して自分の国で1500個持っていれば、たとえ1000発の核兵器によって自国の核兵器1000発がつぶされても、まだ500個残ります。この残った500発で報復することができる。相手国の核兵器よりも多く持つことによって報復できる能力を持つ。そうしておけば相手国はうっかり手出しできません。これが核抑止力という

## 増え続ける核兵器の数

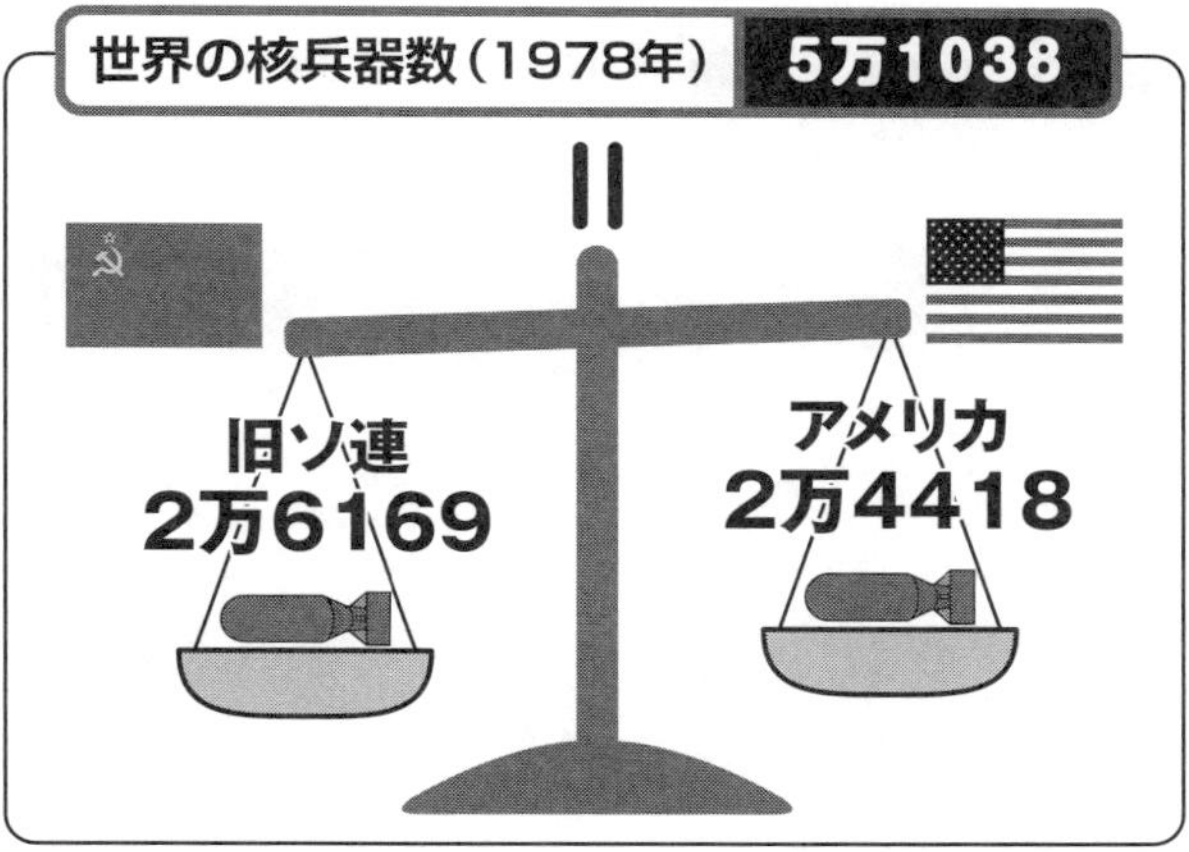


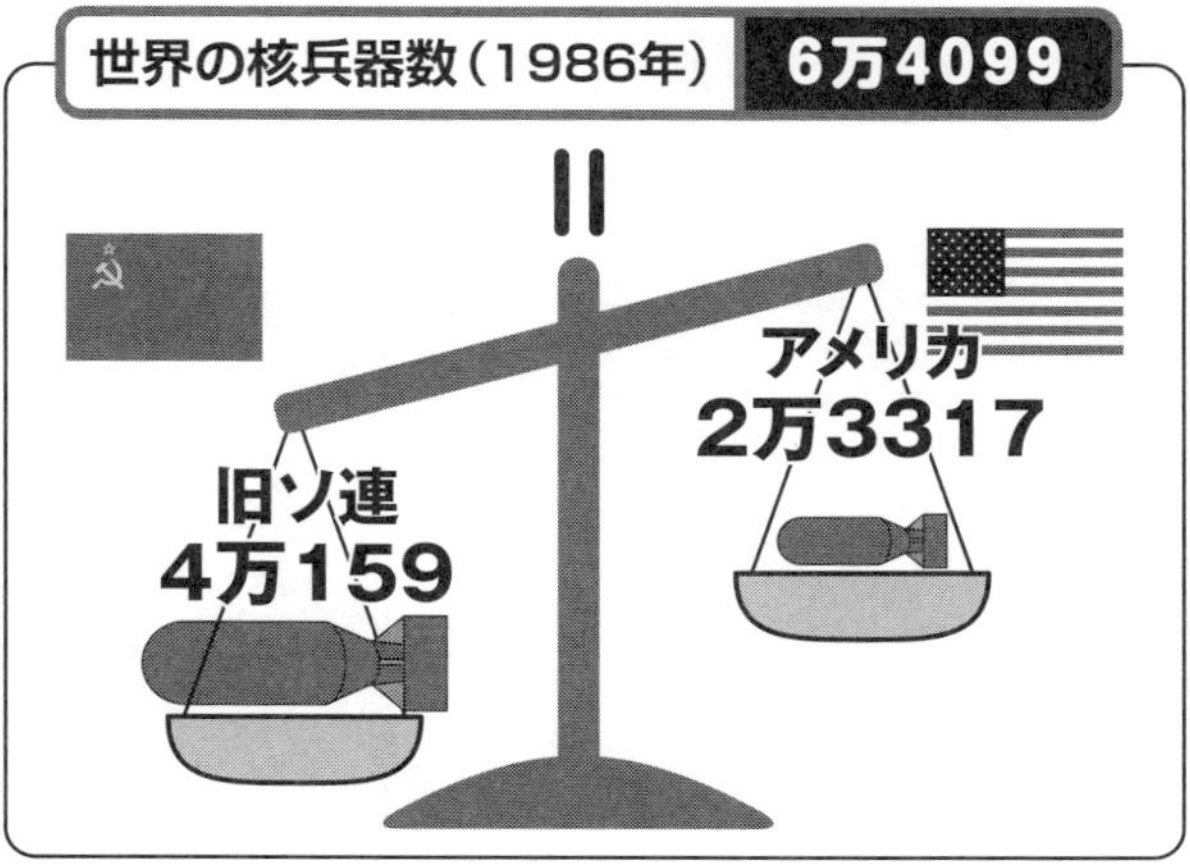


米科学誌「ブレティン・オブ・ジ・アトミック・サイエンティスツ」“ニュークリア・ノートブック”より

なぜこんなに多くの核兵器が必要なのか？

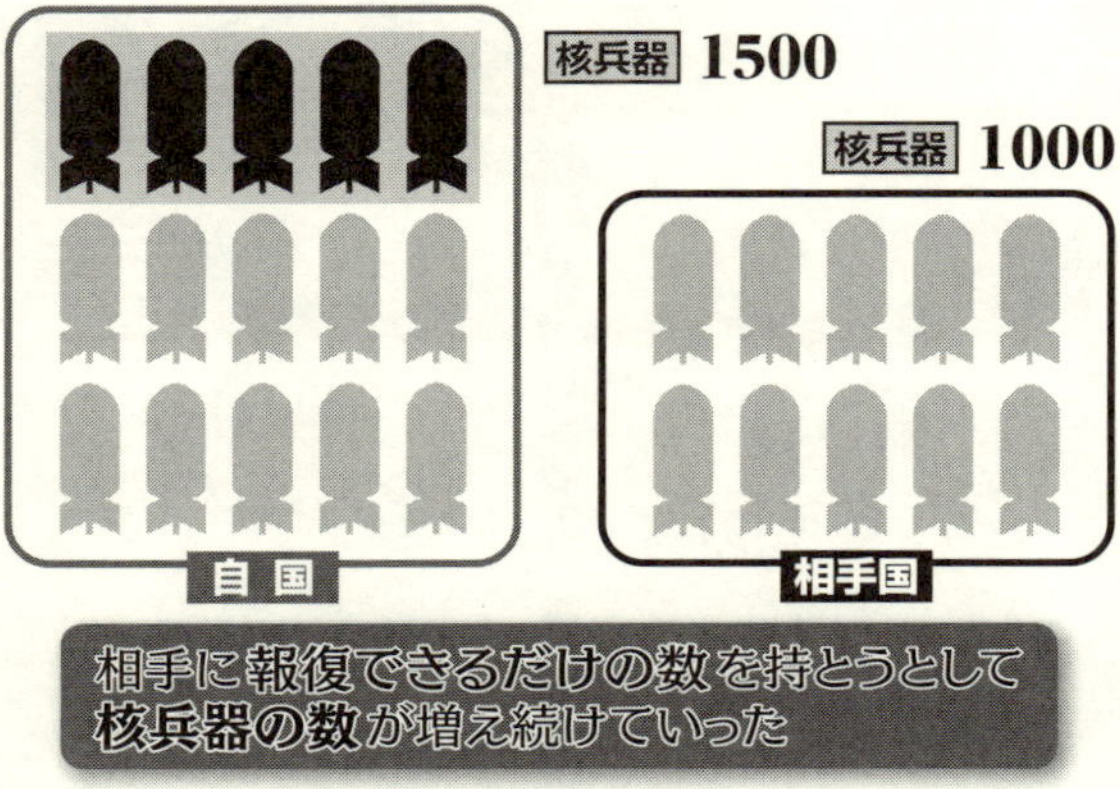
核兵器 1500
核兵器 1000
自国
相手国
相手に報復できるだけの数を持とうとして
核兵器の数が増え続けていった

考え方です。

となると、相手国は、今度は２０００発の核兵器を造って優位に立とうとし、こちらも負けじと２５００発造って対抗しようとします。こうやってどんどん数が増えていくのです。

## ●「相互確証破壊」という MAD（狂気）理論

「相手に核兵器を撃ったら核兵器で仕返しされる」。その中で生み出されたある理論があります。それが「相互確証破壊（Mutual Assured Destruction）」

## 核兵器の数が増え続ける「MAD理論」

**相互確証破壊**
**Mutual Assured Destruction**
**(MAD)**

どちらが先に攻撃しても結局
**両方とも全滅するという相互確証**があって
初めて**核戦争は抑止**される

MAD ＝ 狂気

と呼ばれる理論です。英語の頭文字を並べると「ＭＡＤ」、狂気という意味です。

どういうものかというと、「どちらが先に攻撃しても、結局は両方とも全滅するとお互いが確証を持っていれば、核戦争は抑止される」という理論です。敵も味方も全滅するんだということをお互い確認し合っていれば、核戦争にはならないというまさに異常な発想ですよね。

こうした理論に基づいて、アメリカとソ連は、先制攻撃されても報復できるだけの核兵器を準備しようとどんどん数を増やしていきました。

## ●お互いの国民を人質にして、無防備にさらし合う

同時に、アメリカとソ連は迎撃ミサイルの開発にも力を注いでいました。相手からミサイルが飛んできても、これで撃ち落とすことができれば被害は生じません。しかしこの迎撃ミサイルがあると、「先制攻撃したら報復される」という想定の下で成り立っていたMAD理論が崩れてしまうのではないか、という心配が生まれました。

その結果、アメリカとソ連はとても奇妙な条約を結ぶことになるのです。それが、

「弾道弾迎撃ミサイル（ABM）制限条約」

と呼ばれる条約です。

米ソ間で1972年5月に締結され、同年10月に発効しました。

どこが奇妙なのか。この条約は、相手国が自分の国に向かって発射してきたミサイルを撃ち落とすのをやめようというものです。撃ち落とさなければ自分の国に被害が出てしまうのに、なぜそれをやめようというのか不思議ですね。

たとえを使ってわかりやすく説明しましょう。

アメリカとソ連が結んだ奇妙な条約とは⁉

# 弾道弾迎撃ミサイル(ABM)制限条約

「相手国が自国に向けて発射した**ミサイルを撃ち落とすのはやめよう**」

今、AさんとBさんの二人がグローブをはめて向かい合っています。右手のグローブが核兵器、左手のグローブが迎撃ミサイルです。

まずは、核の抑止力とはどういうものか説明しましょう。次ページのイラストを見てください。左手は置いておいて(左手のグローブは外して)、右手だけを使います。Aさんが右手の核兵器でBさんを殴ると、核兵器を持っているBさんも右手で殴り返します。AさんもBさんも殴られたら痛いし、強烈なダメージを受けるので、実際にはお互いにらみ合い牽《けん》制《せい》し合うだけで、殴り合いにはなりません。これが核の抑止力です。

今度は二人に、左手に迎撃ミサイルのグローブをはめてもらいます。121ページのイラストです。

## 核の抑止力とはどういうものか？

## 迎撃ミサイルで防御すると抑止力にならない!?

これで防御OKです。すると、Aさんが右手で殴ったとき、Bさんは当然、左手で守ります。左手で守りながら右手でAさんに反撃するでしょう。Aさんもこれを左手で防御しつつ、右手で再びBさんを攻撃します。こうなると、お互い殴り合いになって抑止力にならないのです。これでは本当に戦争になってしまいます。そこで、それを避けるため迎撃ミサイルを放棄しようというのがABM制限条約です。

迎撃ミサイルを持たないとは、わかりやすく言えば、お互いの国民を人質にして、無防備にさらし合うことで核戦争を回避しようということです。

何とも奇妙な条約だと思いませんか?

## ◉冷戦終了後、核兵器削減交渉が本格化

その後も核兵器の数は増え続けましたが、1986年を境にやっと核兵器の数は減り始めました。次ページのグラフをご覧ください。それまでの軍拡競争から一転、核軍縮に向かっていったのです。

東西冷戦時代はとにかく核兵器が増え続けました。そこでまずはこれ以上増やさな

## 世界の核兵器数の推移

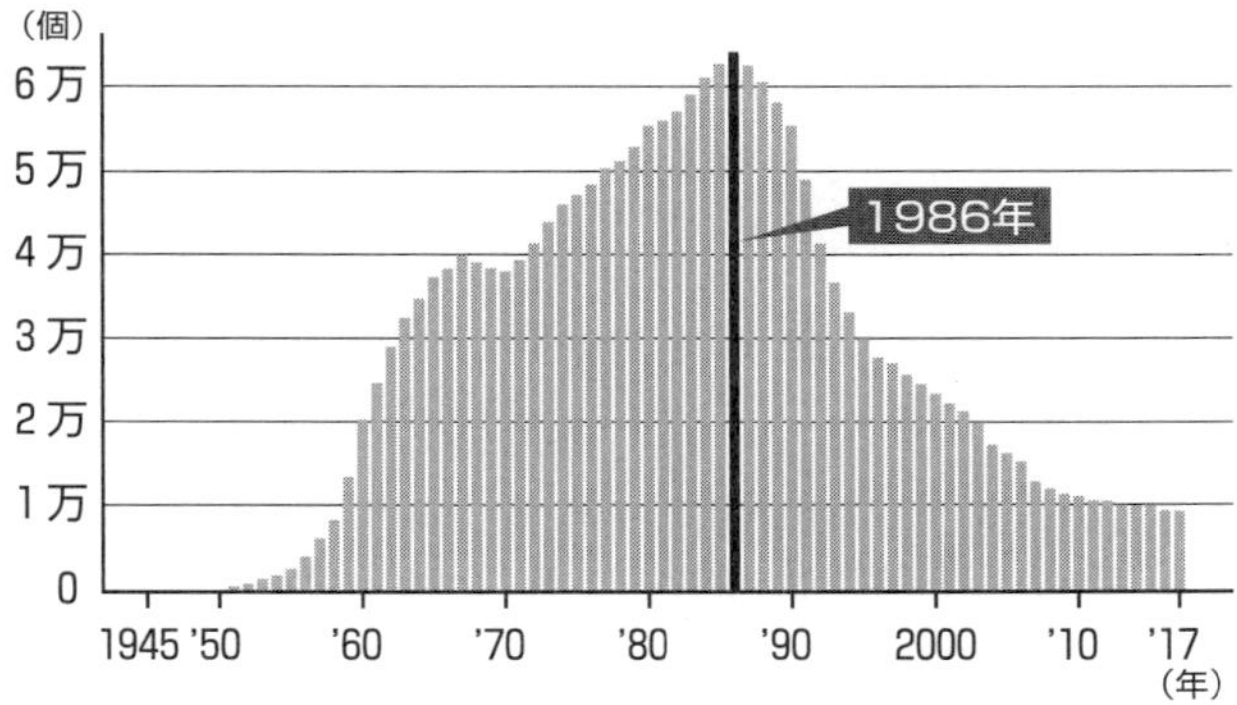


米科学誌「ブレティン・オブ・ジ・アトミック・サイエンティスツ」
"ニュークリア・ノートブック"より

いようにしようという条約を結び、次に今度は減らしていこうという条約を結んで、実際に数が減少しました。そして1989年に東西冷戦が終わると、核兵器削減のための交渉が本格化していくことになります。

また2002年にはアメリカがABM制限条約から脱退し、同条約は失効しました。

米ソが対立していたときは、外交カードを手にしようとして核兵器を増やしていった結果、抑止力の理論や奇妙な条約が生まれてしまった。しかし、ようやく核軍縮が進むようになってきたのに、新たに核兵器を造りたいという国が出てきて困ったことになっているというわけです。

## 日本はアメリカに守られているから安全？

### ◉日本はアメリカの「核の傘」の下にある

では、核兵器を持っていない日本は、どういう立場に置かれているのか？　実は日本にも核の抑止力があります。

わかりやすくイラストにしてみました。トランプ大統領が持っている傘に安倍総理が入っています。これを「核の傘」といいます。

つまり、日本に対してどこかの国がもし核ミサイル攻撃をしたらアメリカがその国に対して核兵器で報復するということです。核抑止力が日本にも働いていることがこれでわかります。

そして近年、北朝鮮が必死に核開発をしてきたのも、核の抑止力という外交カードを持ちたいと考えていたからです。アメリカに向けた、より強力な外交のカードが欲しくて仕方がなかったのです。

そう考えていくと、切り札となる外交のカードは、どこの国もなかなか手放したくない。だから核兵器はなくならない、ということなのです。

# 第7章

# 核兵器の技術はビジネスになる

## ◉頻発する核・ミサイル実験は核兵器技術の見本市か？

なぜ世界から核兵器がなくならないのか？　第3の理由は「核兵器の技術はビジネスになるから」です。

実は核兵器の技術をビジネスにしようとしている国があるのです。北朝鮮です。北朝鮮は1990年代からミサイル発射実験や核実験を頻繁に行ってきました。これは、こんな見方もできます。

北朝鮮がやっているのは核兵器技術の見本市ではないか？

どういうことかというと、ミサイル発射実験をしたり核実験をしたりするのを世界に見せて、「われわれはこれだけの技術を持っている。これを買わないか」と呼びかけている。核兵器の技術を売ろうとしているのではないか、という見方ができるのです。

兵器を売るためにはその性能をアピールできたほうがよく、実際、北朝鮮がミサイル発射実験や核実験を行うと、日本やアメリカなど各国が詳しく報道します。北朝鮮から見れば、商品の性能を宣伝してくれていることになっているのではないか。となると、核兵器の技術やミサイルが欲しい国・組織は、「それだけの性能があるんだ。じゃあ買おうかな」と考えるかもしれない。

つまり、そうした国や組織にとっては見本市となり、売れたら大きなビジネスになるということなのです。

## ●シリアに「核」を売り込む!? 疑惑の北朝鮮

ここで「核兵器の技術は本当に売れるものなのか?」という疑問を持つ人もいることでしょう。

これについては、実際に北朝鮮は過去にこんな疑惑をかけられたことがあります。2008年、アメリカの『ワシントン・ポスト』紙が、「北朝鮮がシリアに、核兵器に使われるプルトニウムを生産するための原子炉建設を支援したという秘密のプロジェクトがあったことが疑われる」(2008年5月11日付)と報じました。

北朝鮮には、すでに核兵器の技術をシリアに売ったという疑惑があるのです。その疑惑の裏付けとなったのが、衛星写真です。シリアで建設中だったと見られる施設と北朝鮮の寧辺《ヨンビョン》で使用されていた原子炉施設を、衛星写真から比較したアメリカの科学国際安全保障研究所は、分析の結果、大きさなどが似ていると発表しました。

それだけではありません。シリアの施設は砂漠地帯に建設されていたのですが、完成する前にイスラエルの空軍によって空爆され、破壊されてしまいます（2007年9月）。そのとき、奇妙なことが起きました。空爆したイスラエルも、空爆されたシリアも、このことについて多くを語らなかったのに、なぜかこの空爆を激しく批判した国があったのです。それが北朝鮮です。

「なぜ北朝鮮が遠く離れたシリアの空爆を非難するんだろう？」と思いますよね。これをきっかけに欧米のメディアの間で「北朝鮮がシリアの核開発の手助けをしているのでは？」という疑念が表面化しました。

さらに、CIA（アメリカ中央情報局）はこんな写真（次ページ）を公開しました。左が北朝鮮の核施設の幹部、右はシリアの原子力委員会の委員長といわれています。ツーショットです。そして、シリアの核施設の建設工事が始まる前の2001年には、

## シリアの核施設は北朝鮮の支援で建設された!?

(U.S.Government/ロイター/アフロ)

北朝鮮の寧辺の核施設で働く北朝鮮高官がシリアを複数回訪問していたという情報まで突き止めていました。

これらの情報をもとに、CIAは「シリアの核施設は北朝鮮の支援で建設された」と発表しました。

### ●北朝鮮の「核の闇商人」はIAEAを足掛かりに暗躍

北朝鮮がシリアの核施設を支援した裏には、ある人物の暗躍があったといわれています。

ユン・ホジンという人です。この人物こそ「核の闇商人」ということになります。

## 北朝鮮の「核の闇商人」

# 外交官から「闇」の調達人に

## 対北朝鮮制裁　商社代表の尹氏

国連安全保障理事会が16日、核実験を受けた対北朝鮮制裁の具体策として決めた初の個人制裁リストで筆頭に挙げられた「南川江貿易会社」の尹浩鎮《ユンホジン》代表は90年代、「核の番人」である国際原子力機関（IAEA）の担当者としてウィーンの大使館に勤務する外交官だった。その後、「核の闇市場」での調達役に転じたことが知られている人物だ。

「南川江貿易会社」の尹浩鎮代表

尹代表は99年まで在ウィーン大使館参事官だった。英語が巧みで物腰も柔らかく、北朝鮮の核疑惑が外交危機に発展した94年春には、外国メディアの取材に応じて「我が国には核開発の能力も意図もない」と全否定していた。

北朝鮮の元外交官
ユン・ホジン氏

現在、米オバマ政権のホワイトハウスで核軍縮・不拡散や対北朝鮮政策の要となっているセイモア調整官（大量破壊兵器・国際安全・軍縮担当）がクリントン政権でIAEA担当者だった際に、北朝鮮側の窓口だったのも尹氏だった。セイモア氏は05年、朝日新聞の取材に「尹氏はやり手の外交官という印象だった」と振り返った。

だが03年、尹氏の「もう一つの顔」が明るみに出る。核爆弾の原材料となる高濃縮ウランの製造には、遠心分離器をつくる高強度のアルミ管が必要だ。北朝鮮向けに、そうしたアルミ管の無許可輸出を企てたドイツの光学機器会社社長が逮捕された。発注した人物が、「北京にある北朝鮮の商社代表」という肩書に変わった尹氏だった。

ワシントン・ポスト紙によると、尹氏が代表を務める南川江貿易会社は、シリアの首都ダマスカスにも事務所を置き、07年にイスラエルの空爆を受けたシリアの原子炉建設にもかかわったとされる。シリアが安保理の決定通り制裁を履行すれば、こうした「闇市場」での活動も封じられることになる。

（梅原季哉）

シリアの原子炉建設にもかかわったとされる。

2009年7月18日付　朝日新聞

彼はシリアの原子炉建設に必要な材料を調達していたといわれています。

問題なのは、彼が1990年代まで国際原子力機関（IAEA）の担当者としてウィーンの北朝鮮大使館に勤務していたことです。IAEAは原子炉の技術を核兵器にしてはいけないと核の軍事転用に目を光らせる組織です。そのIAEAの担当者となって原子力技術や核技術を学んでいた人物が、核の闇商人としてシリアの原子炉施設の建設にも関わったといわれているのです。

しかし、北朝鮮は核拡散防止条約（NPT）から脱退してしまったので、もはや何も手出しできませんでした。

## ●巨万の富を得たパキスタンのカーン博士

では実際に、この核兵器技術の闇取引でどのくらいのお金が動くのでしょうか。

具体的には明らかにされていませんが、過去にヒントになる事件が起きています。

北朝鮮のユン・ホジン氏よりも先に、核兵器に使用される部品や技術を売ってお金を稼いでいた核の闇商人がいました。その闇商人は北朝鮮にも核兵器の技術を提供したといわれています。それによって北朝鮮の核開発が大きく前進したのです。

核の闇商人の存在を世界に初めて知らしめた人物は、パキスタンの科学者でカーン博士といいます。

実はこの人物、「パキスタンの核開発の父」といわれ、インドに対抗してパキスタンが核開発を進めたとき、それを成功させた責任者としてパキスタンでは勲章をもらったほどの英雄です。

インドとパキスタンは、これまで領土問題をめぐり3回にわたって戦争をしています。いずれもパキスタンが負けており、インドが核実験を行ったとき、パキスタンは大きな危機感を覚えました。仲の悪いインドが核兵器を持ったら自分の国が危ないと考えたわけです。

当時、カーン博士は科学者としてオランダの研究所にいました。核兵器開発にも転用できるウランの濃縮技術を扱っていたこともあって、博士は祖国を救いたいという思いでその技術を盗み出し、パキスタンに持ち帰って核開発を成功させたといわれています。

1998年5月、パキスタンは初の地下核実験を行いました。そのときの映像を見ると、爆発の影響で山肌が崩れ、一瞬で色が変わっているのがわかります。インドに遅れること24年、パキスタンが初めて核実験に成功した瞬間です。こうしてカーン博士はパキスタンの英雄となりました。

ところが、そんな国の英雄も、お金に目がくらんだのか、はたまた天才科学者の虚栄心からか、真相は本人にしかわかりませんが、悪魔に魂を売ってしまいます。パキスタンで核開発をしている裏で核の闇市場を作り、核兵器の技術や部品を売っていました。

どんなものを売っていたのか見てみましょう。

毎日新聞の「核回廊を歩く」という連載記事が参考になります。同紙の2014年8月28日付に「『闇市場』始動」とあります。連載は2003年から07年にIAEAを担当していた毎日新聞の特派員が核拡散の実態を長年、取材してそれを記事にまとめたものですが、それによるとカーン博士は次のようなものを売っていたそうです。

イランに設計図などを1000万ドルで売っていたと書かれています。現在の価値

# パキスタンの「核の闇商人」

（ロイター＝共同）

核回廊を歩く パキスタン編 18
「闇市場」始動

2014年8月28日付　毎日新聞

で会合を重ねた。その年の11月、イランは、分離機数台と、設計図などを購入する。「極秘ファイル」によると、取引額は1000万ドル。博士の分け前は200万ドルだった。

化したのは97年、相手はリビアだった。80年代半ばから何度も接触を続けていたリビアは、ついにウラン濃縮用の遠心分離機1万台を発注する。総額1億ドルを超す受注に「闇市場」は沸いた。注文に対応するため、新たにマレーシアに

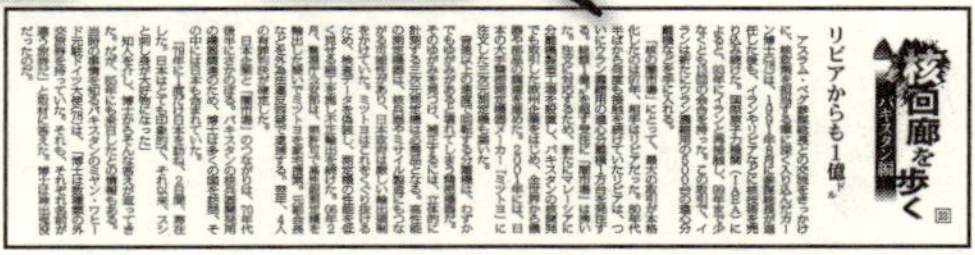


2014年9月4日付　毎日新聞

で約13億円。カーン博士の取り分は約3億円だったそうです。

さらに、別の記事（毎日新聞2014年9月4日付）では、闇市場にリビアから総額1億ドルを超す受注があったと書かれています。現在の価値で約114億円です。

こうして、カーン博士はパキスタンで名誉と権力、そして巨万の富を得たわけです。

## ◉カーン博士の「核の闇市場」は解体された

しかし、そんなカーン博士の核の闇市場にもついに終わりが訪れます。2004年、博士はパキスタンの治安当局によって拘束され、イラン、リビア、北朝鮮に核拡散をしていたことを認めました。そして、パキスタンの国民に向けて国営テレビを通して謝罪しました。

「心に深い傷を負った国民の皆さまに心から遺憾の意と謝罪を表明いたします。誠意を持って行動してきましたが、誤った判断に基づく権限のない核拡散でした。また、明白に述べたいのは、私の活動にはパキスタン政府の許可がなかったことです。全責

任は私にあり、皆さまのお許しをいただきたく存じます」（2004年2月4日）

このようにパキスタンの国営テレビで国民向けに謝罪したのですが、博士の使った言葉はパキスタンの母国語ではなく英語でした。ということは、これは国民向けというよりも世界に向けて、パキスタン政府は関わっていないということをアピールするためのものだったのではないか。つまり、パキスタン政府が演出してこういう謝罪をさせたのではないかと見られています。

## ●北朝鮮は新たな闇市場を作り、巨額の資金獲得を狙う？

カーン博士の闇市場は解体されたものの、今では北朝鮮が新たな闇市場を作っているのではないかという懸念が出ています。それは過去に北朝鮮がさまざまな武器販売を行ってきたからです。

たとえば、『ワシントン・ポスト』紙が2017年10月2日付で「不法な船荷により北朝鮮の武器売買が明らかになる」と報じました。

「去年（2016年）8月、スエズ運河に向かう不審な船舶がいるとアメリカからエジプトに内部通達があった。その貨物船はカンボジア国旗をつけているが、北朝鮮から出港しているという。（中略）税関当局が捜索すると鉄鉱石入りの大箱の下に3万発以上のロケット弾が隠されていたのを発見した」

この記事によると、北朝鮮から出港しエジプトの企業に向かっていた不審な船舶から3万発以上のロケット弾を発見したということです。カンボジアの国旗をつけてカンボジアの貨物船を装っていたのですが、鉄鉱石を運んでいると見せながら、その下に大量のロケット弾を隠していました。

北朝鮮が、違法な武器売買ネットワークに核兵器の技術を乗せてある国またはテロ組織に売ったとしたら、これは大変なことです。北朝鮮はこの技術を売れば、さらにミサイル開発や核開発のための莫大な資金を得ることができると考えている可能性があります。

こうして見てくると、核の闇市場では大きなお金が動き、ビッグビジネスになる。だから世界からなかなか核兵器がなくならない。そういう側面もあるのです。

北朝鮮がそこまでして核・ミサイル開発をやり遂げようとしてきたのは、なんとしても今の金正恩独裁の体制を守りたいからです。朝鮮戦争（1950〜53）のときにアメリカ軍によってさんざんな目に遭ってしまったので、もう二度とそういう目に遭わないように、アメリカから攻撃されないようにする。そして「今の体制を保証しろ」と言ってアメリカと交渉する。それが北朝鮮の本音です。

# 第8章

# 日本は核兵器とどう向き合ってきたか

## ◉国是となった「非核三原則」

ここまで世界から核兵器がなくならない理由を見てきました。

「世界唯一の被爆国である日本は核兵器にどう向き合ってきたのか？」

次はこの問題を考えます。

世界で初めて原爆を落とされた国、日本。歴代の日本政府は、この核兵器にどういう態度をとってきたのか。その歴史について意外に知らない方が多いと思われます。

そもそも日本には核兵器はありません。それはもちろん、誰もが知るように「非核三原則」があるからです。みなさん、学校で習いましたよね。核兵器を「持たず・造らず・持ち込ませず」という日本政府の方針です。

これがいつできたのかというと、1950年代からずっと、なんとかこういうものを作ろうではないかという話し合いが行われてきて20年近く話し合った結果、1967年に佐藤栄作総理が提唱し、のちに国是となりました。国是とは、日本の政策方針ということです。

## 1974年にノーベル平和賞を受賞

第61・62・63代首相
佐藤栄作
（時事）

ちなみに、佐藤総理はこの非核三原則による非核政策、それに沖縄返還を成し遂げたという功績で1974年にノーベル平和賞を受賞しています。

### ◉憲法で容認 日本は核兵器を持てる国？

非核三原則があるために核兵器を持たない日本ですが、歴代政府はこれまでどんなことを発言してきたのか、核兵器についての考え方を見てみましょう。

まず1957年5月15日、安倍総理の祖父、岸信介《のぶすけ》総理（当時）の参院本会議での発言です。

## 憲法上、核兵器は保有できる

岸信介総理（当時）
（核兵器を）ことごとく憲法違反であるというのは行き過ぎである

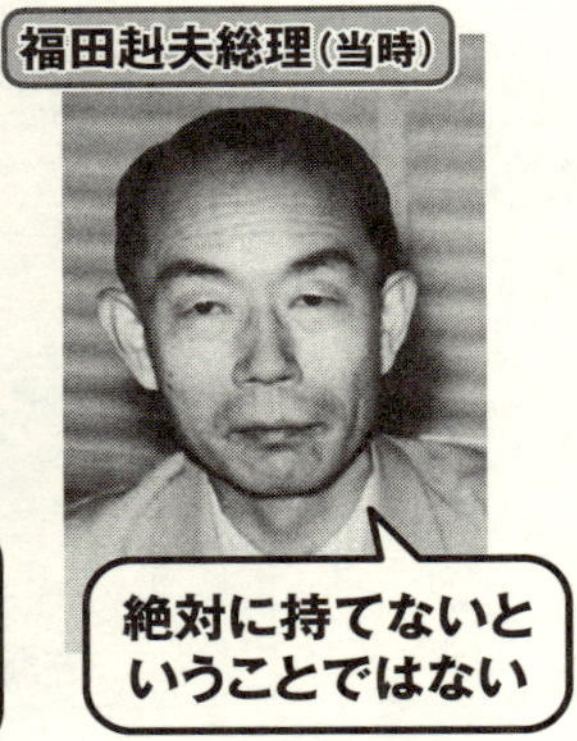
福田赳夫総理（当時）
絶対に持てないということではない

（共同通信）

「核兵器と言われておる原水爆や、あるいはこれを中心とするような核兵器が我々の自衛権に入らないことは、これは言うをまたない。しかしながら、今日核兵器、原子力の利用というものは、発達の道程にあって、将来どういうものが出るか分からない。したがって、単に核兵器という名前が付き、原子力を用いているという名前が付くだけでもって、これをことごとく憲法違反であるというのは憲法の解釈としては行き過ぎであるというのが私の解釈でございます」

そして1978年には、当時タカ派で知られた福田赳《たけ》夫《お》総理が核兵器保有について国会でこう発言しています。

「憲法9条の解釈として、絶対に持てないということではない。必要最小限の自衛のためであれば持ち得る。ただ非核三原則を国是としている」（1978年3月8日参院予算委員会）

このように、歴代政府は「憲法で核兵器を禁止しているわけではない。憲法でも核兵器を持つことができる」と発言しているのです。ただ、非核三原則があるので持たないという方針をとっている、というわけです。

## ◉安倍内閣はどう考えているのか？

では、現在の政府、安倍内閣はどのように考えているのでしょうか。

安倍内閣の内閣法制局長官が参議院予算委員会で次のような発言をしました。内閣法制局は、内閣が作る法案などを審査したり憲法をどう解釈するかを判断したりする機関です。

民主党（当時）・白眞勲《はくしんくん》参院議員「去年（2015年）8月5日の安保特（参院安保特別

## 核兵器の保有も使用も憲法違反ではない

（共同通信）

**内閣法制局**

内閣が作る法案などを
審査したり
憲法をどう解釈するか
を判断する機関

委員会）で私は『核兵器の保有は憲法上許されているのか？』とご質問いたしましたが、長官はその時こういうふうにおっしゃいました。『憲法上、核兵器を保有してはならないということではない』というふうにこれまで答弁しております。保有は憲法違反ではないということは、使用についても憲法違反ではないということでよろしいですね」

横畠《よこばたけ》裕介長官「我が国を防衛するために必要最小限度のものにもちろん限られるということでございますが、憲法上、あらゆる種類の核兵器の使用がおよそ禁止されているというふうには考えておりません」

## 核兵器の保有・使用はあり得ない

核兵器の保有・使用について
否定する菅義偉《すがよしひで》内閣官房長官

（共同通信）

（2016年3月18日参院予算委員会）

どういうことかわかりますか？　安倍内閣の法制局長官は、憲法上核兵器を持つことだけでなく、核兵器を使用することも否定はしていないのです。

しかし、この直後、記者会見で菅義偉《すがよしひで》官房長官は、日本が核兵器を保有することや使用することの可能性を問われてこう発言しました（同3月18日内閣官房長官記者会見）。

記者「日本政府が核兵器の保有を、核武装をちらつかせているとか、挑発しているるように受け取られかねないと思うのですが」

菅官房長官「そんなことは全くあり得ません」
記者「法制局長官の発言をそのまま聞いていますとですね、将来的に核兵器の使用ということがあり得てくるのかなという印象を持ってしまうのですけども」
菅官房長官「あり得ないということを申し上げています」
記者「あり得ないという根拠をもう一度改めてご説明いただけますか」
菅官房長官「あり得ないことですからあり得ないということじゃないでしょうか」
記者「非核三原則とかそういことをもってあり得ないとおっしゃられたのでしょうか」
菅官房長官「全くあり得ないということは、政府は常に申し上げていることです」

菅官房長官は相当イライラしていますね。内閣法制局長官の発言を否定しました。「あり得ない」と言いましたが、あり得ないというその根拠は何かと聞かれて「あり得ないから」と答えています。

これでは日本は一体世界からどう見られるのかと心配になりますね。

## 核兵器禁止条約 第1回交渉会議

2017年3月 米・ニューヨーク 国連本部　（共同通信）

### ◉日本は核兵器禁止条約の交渉会議に参加しなかった

上の写真を見てください。これは2017年3月に行われた核兵器の使用などを史上初めて禁止する核兵器禁止条約の交渉会議の様子です（ニューヨークの国連本部）。この禁止条約には国連加盟国の7割近い122カ国が賛成していて、今後、条約の発効、つまり条約が効力を持つようにするための会議が行われていくのですが、その交渉会議に日本は不参加だったのです。

核兵器の廃絶をずっと世界に訴え続けてきた日本が、核兵器をいよいよ禁止しよう

## なぜ、唯一の被爆国である日本は参加しないのか？

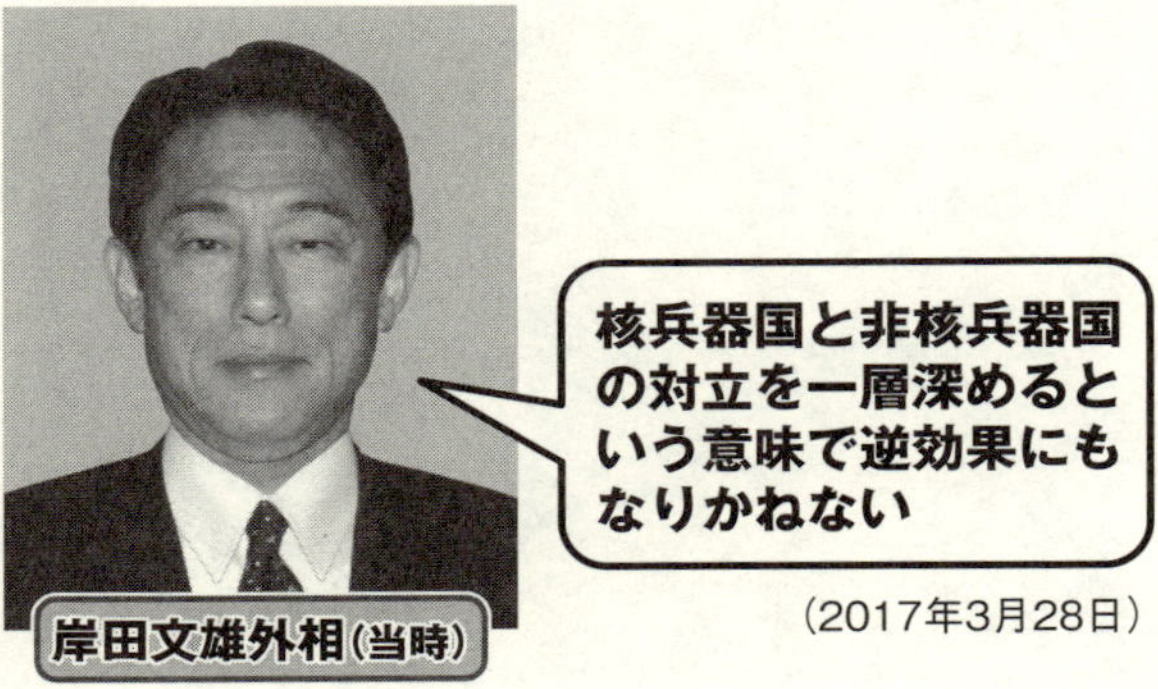
核兵器国と非核兵器国の対立を一層深めるという意味で逆効果にもなりかねない
（2017年3月28日）
岸田文雄外相（当時）
（共同通信）

という条約の話し合いに参加しませんでした。

一体なぜなのか？

その理由を、当時の岸田文雄外務大臣は「核保有国が参加しなかったから」としてこう釈明しています。

「こうした（核兵器禁止条約交渉）会議のありようは『核兵器のない世界』に対して、現実に資さないのみならず、核兵器国と非核兵器国の対立を一層深めるという意味で、逆効果にもなりかねない、こういった考えにも至った次第であります。したがって日本政府としましては、諸般の事情を総合的に、そして十分に検討した上、今後この交

渉へは参加しないことにいたしました」（2017年3月28日首相官邸）

この条約を進めようとすると、核兵器を持っている国と持っていない国との対立が激化してしまう。それはよくないことだから日本は参加しないと、こういう理屈をつけました。

政府は、アメリカの「核の傘」で守られている日本が核兵器を禁止する条約の会議に参加したのでは、アメリカの機嫌を損ねてしまうと恐れたのでしょう。それが政府の本音です。でも、そんなことを言うわけにはいかないから、こういう言い方をしたのです。

## ●世界に配信された1羽の折り鶴の写真

2017年3月の核兵器禁止条約の交渉会議に参加しなかった日本ですが、このとき世界に配信された画像があります。

折り鶴です。交渉会議に不参加だった日本の机の上に1羽の折り鶴が置かれていました。

## 「君がいてくれたらいいのに」

ICANが日本の机の上に置いた1羽の折り鶴

（朝日新聞社／時事通信フォト）

この羽の部分をよく見てください。なにか書いてありますね。

「#wish you were here」（君がいてくれたらいいのに）

これは2017年にノーベル平和賞を受賞したNGO（非政府組織）の核兵器廃絶国際キャンペーン（ICAN）が、交渉会議に貢献した国に平和の象徴である折り鶴を贈るという活動なのですが、日本の場合は「参加してほしい」という意味を込めてこの折り鶴を置いたそうです。

日本はこれまで、世界唯一の被爆国と

して「持たず・造らず・持ち込ませず」の非核三原則を国是として世界に核兵器廃絶を訴え続けてきました。一方で核兵器を持つことは別に憲法に違反しないと言っている。そしてアメリカの「核の傘」に入っている。

となると、世界から見たとき、「日本は一体どっちを向いているんだろう」と見られるかもしれないということです。

# 終章

# 核なき世界は実現するのか？

## ◉未完に終わったオバマ前大統領の取り組み

最終章では、私たちは地球上にある核兵器をなくすことができるのか、という問題を取り上げます。

まずは2009年にアメリカのオバマ前大統領が行った演説に耳を傾けてみましょう。

「核兵器を使ったことのある唯一の核保有国として、アメリカは行動する道義的な責任を持っています。だから私は、明白に信念を持って、アメリカが核兵器のない平和で安全な世界を目指すことを約束します。『我々はできる』と言い続けなければなりません」（「プラハ演説」チェコ、2009年4月5日）

この演説から、オバマ前大統領の核兵器のない世界、いわゆる「核なき世界」の理念が世界に広がっていきました。この年、彼はノーベル平和賞を受賞します。その後、

## オバマ前大統領が発した「核なき世界」の理念

チェコの首都プラハで、核政策について演説するオバマ米大統領（当時）
（ロイター＝共同）

核廃絶に向けた取り組みは行われましたが、オバマ前大統領の任期中に果たすことはできませんでした。

核なき世界は本当に実現できるのでしょうか。

非常に難しい問題ですが、その手がかりになるかもしれない話があります。

### ●中南米には「非核兵器地帯」ができている！

次のページの世界地図を見てください。

中南米の一帯がグレーになっています。現在、この地域は「非核兵器地帯」といって核兵器の実験や製造、配備などが一切禁止核兵器の実験・製造・配備などが禁止されている「非核兵器地帯」

非核兵器地帯
核兵器の実験・製造・配備などが
禁止されている地域

| トラテロルコ条約<br>（ラテンアメリカおよびカリブ核兵器禁止条約）<br>1968年発効 | |
|---|---|
| 締約国（33カ国） | アンティグア・バーブーダ、アルゼンチン、バハマ、バルバドス、ベリーズ、ボリビア、ブラジル、チリ、コロンビア、コスタリカ、ドミニカ国、エクアドル、エルサルバドル、グレナダ、グアテマラ、ガイアナ、ハイチ、ホンジュラス、ジャマイカ、メキシコ、ニカラグア、パナマ、パラグアイ、ペルー、ドミニカ共和国、セントクリストファー・ネーヴィス、セントビンセント、セントルシア、スリナム、トリニダード・トバゴ、ウルグアイ、ベネズエラ、キューバ（以上、33カ国） |

## 中南米の「核なき世界」を実現させた１人の外交官

(Nationaal Archief)

メキシコ元外交官
**アルフォンソ・ガルシア・ロブレス**
(1911−1991)

されています。

そして国連の常任理事国の核兵器を保有する5カ国も、この地域に対して核兵器を使わないことはもちろん、威嚇《いかく》、つまり核兵器を使って脅すことも禁止されています。この一帯は、「核なき世界」として約束された地域ということになるのです。

この「核なき世界」は、ある一人の外交官の尽力によって実現しました。その人は、メキシコの元外交官、アルフォンソ・ガルシア・ロブレス氏です。メキシコ外務省の外交担当や国連職員、ブラジル駐在大使を務めるなど有能な外交官として活躍した人物です。

彼はこんな言葉を残しています。

「私たちは子供たちが核戦争による脅威から解放され、自由に育ってほしい」

核なき世界を思う彼が実際に何をしたのかというと、トラテロルコ条約の成立に大きく貢献したのです。トラテロルコ条約は非常に重要な意味のある条約なので、この際、覚えておいていただければと思います。

正式名称は「ラテンアメリカ及びカリブ核兵器禁止条約」。33カ国が参加しています。メキシコ市のトラテロルコ地区で署名された条約なのでこういう名前が付いています。

## ◉「核なき世界」を誕生させた奇跡の条約

どうして中南米でこういう条約ができたのでしょうか。そのきっかけとなった出来事がありました。

1962年のキューバ危機です。中南米の国々にしてみれば、自分たちの国のすぐ目の前で起きた大事件です。その時は本当に核戦争の一歩手前まで行ったわけです。これが契機となって「核兵器はなくさなければいけない」という機運が高まりました。

## 「奇跡の条約」が誕生したきっかけ

翌年の1963年、メキシコ、ブラジル、ボリビア、チリ、エクアドルの5カ国が、ラテンアメリカ地域を非核化する多国間条約を結ぼうという共同宣言をまとめます。これがトラテロルコ条約の始まりです。

そして、この考えをラテンアメリカ全体に広げるために国連の場で提案することになり、その時に指揮官役として選ばれたのがガルシア・ロブレスさんでした。そこで彼はトラテロルコ条約の発効に向けて動き出しますが、彼の前には大きな壁が立ちはだかります。

壁とは、ラテンアメリカ全ての国の合意を得ることです。どの国にもその国なりの

## 非核化の機運が高まる

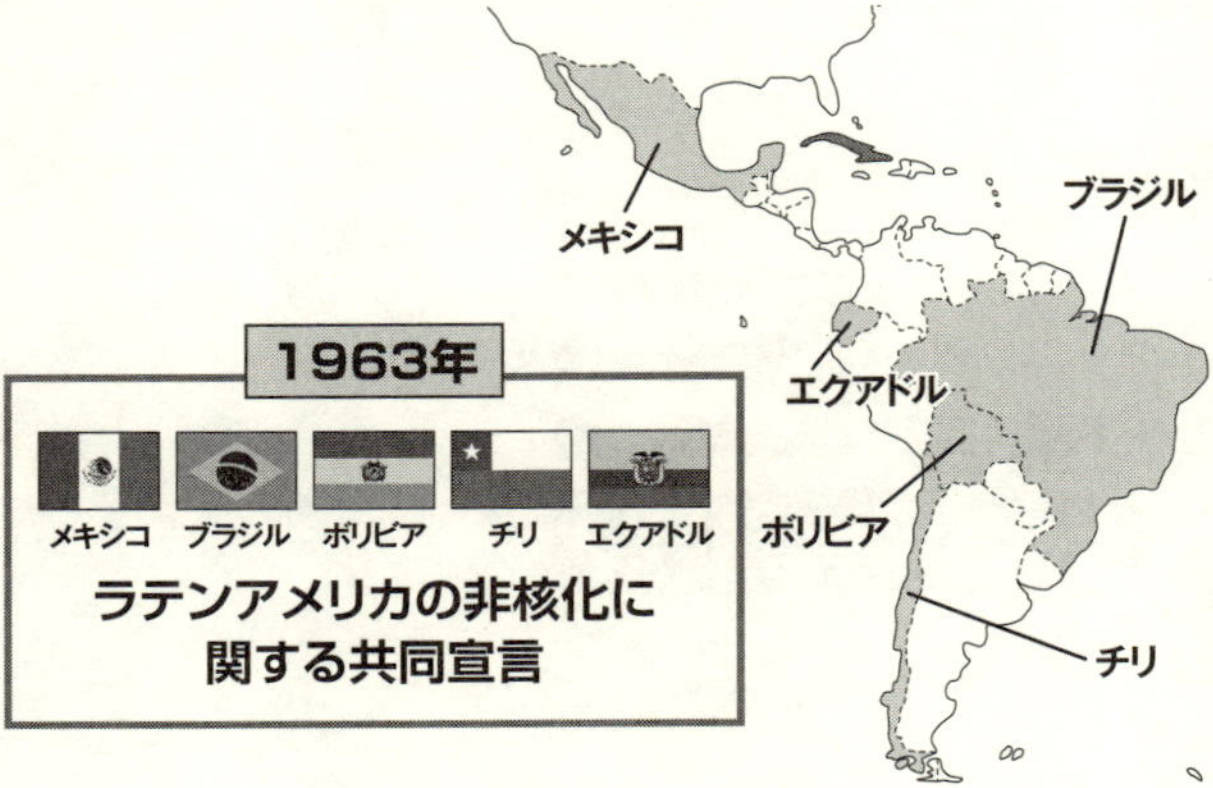


## 一般的な条約が発効する条件

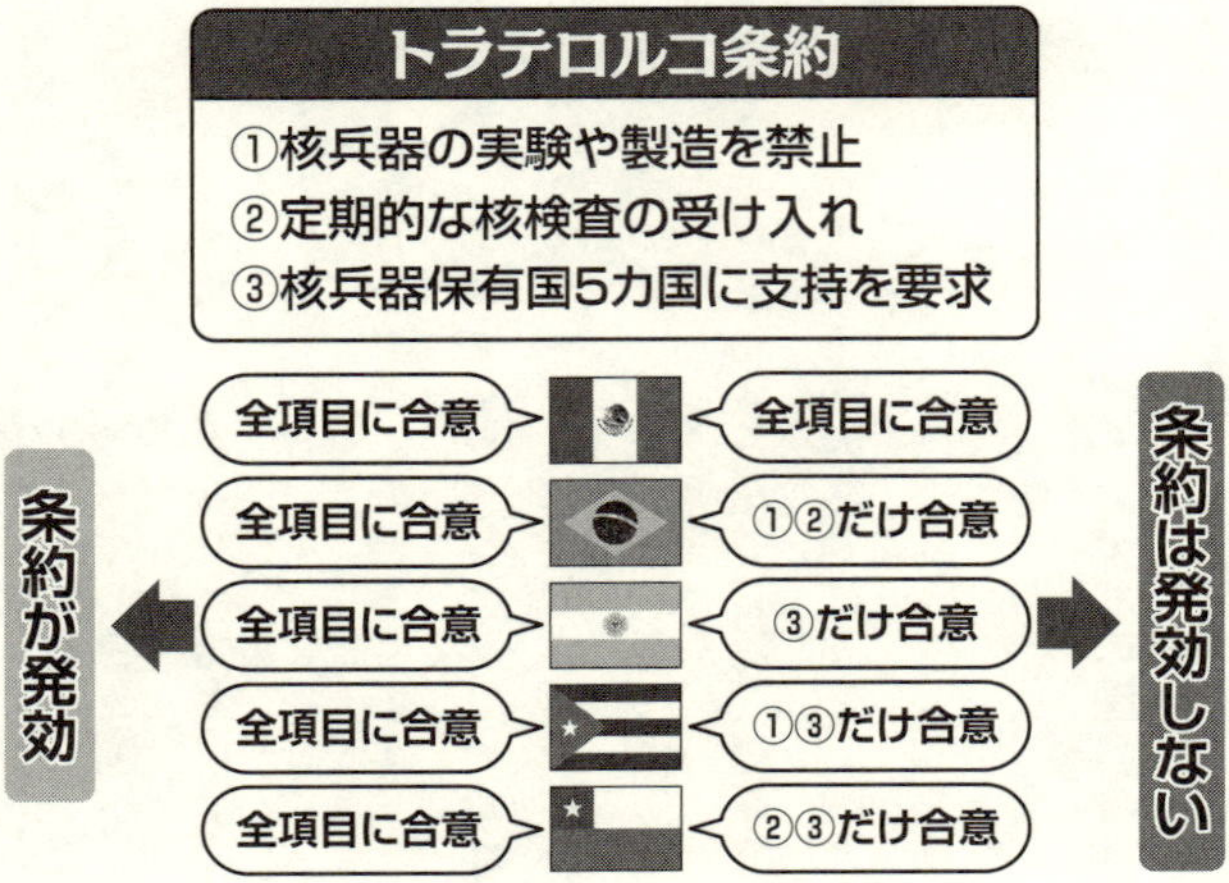

思惑がありますから、全部の国の合意を得るのは非常に難しいのです。

基本的に条約を発効させるためには次のような条件が必要です。条約にはいろいろな項目があるので、対象となる全ての国、あるいは一定多数の国が、条約の全ての項目に合意する必要があります。

ところが、全項目に合意できる国があっても、①と②は合意できるが③は合意できないという国があったり、③だけなら合意できるが①と②は受け入れられないという国があったりすると、条約は発効できません。そもそも条約とはそういうものなのです。

当時のラテンアメリカの状況は、ラテンアメリカ内の主導権をめぐってブラジルとアルゼンチンの仲が悪く、対立していました。どうも隣り合っている国というのは、仲が悪いところが多いのですね。

さらにラテンアメリカの多くの国が軍事政権でした。そのため、自国の核の完全放棄には反対だと考える国や、核保有国だけ核を持つのは不公平だと考える国もあってなかなかまとまらず、全ての国が全員一致で条約に合意とはなりませんでした。

## 核放棄までの遠い道のり

### 対立関係にあった国（1968年当時）

### 軍事政権だった主な国（1968年当時）

**核放棄には反対だと考える国が多かった**

普通はここであきらめてしまうのですが、ガルシア・ロブレスさんはあきらめませんでした。彼は条約を発効させるために独自のシステムを生み出しました。そのやり方をご説明しましょう。

たとえば①と②は合意するが③には合意できないという国には、ひとまず①と②に関してのみ発効する。③だけ合意できるという国には、とりあえず③に関してだけ発効する。このように個々の国が条約の断片的な項目にしか合意しなくても条約を発効させるシステムを生み出したのです。

もちろん、これでは条約としては不完全です。しかし、このシステムの重要なポイントは、条約を発効させたということです。そうしないと現状のままで全く動かないではないかと、こういう考え方なのです。

まずは条約を発効させること。それによって非核兵器地帯の成立に向け第一歩を踏み出したということが重要なポイントです。

ガルシア・ロブレスさんは、外交官として培ってきた巧みな調整力でこの独自の条約発効システムの採用にこぎつけました。

## ガルシア・ロブレスさんが生み出した、条約を発効させるシステム

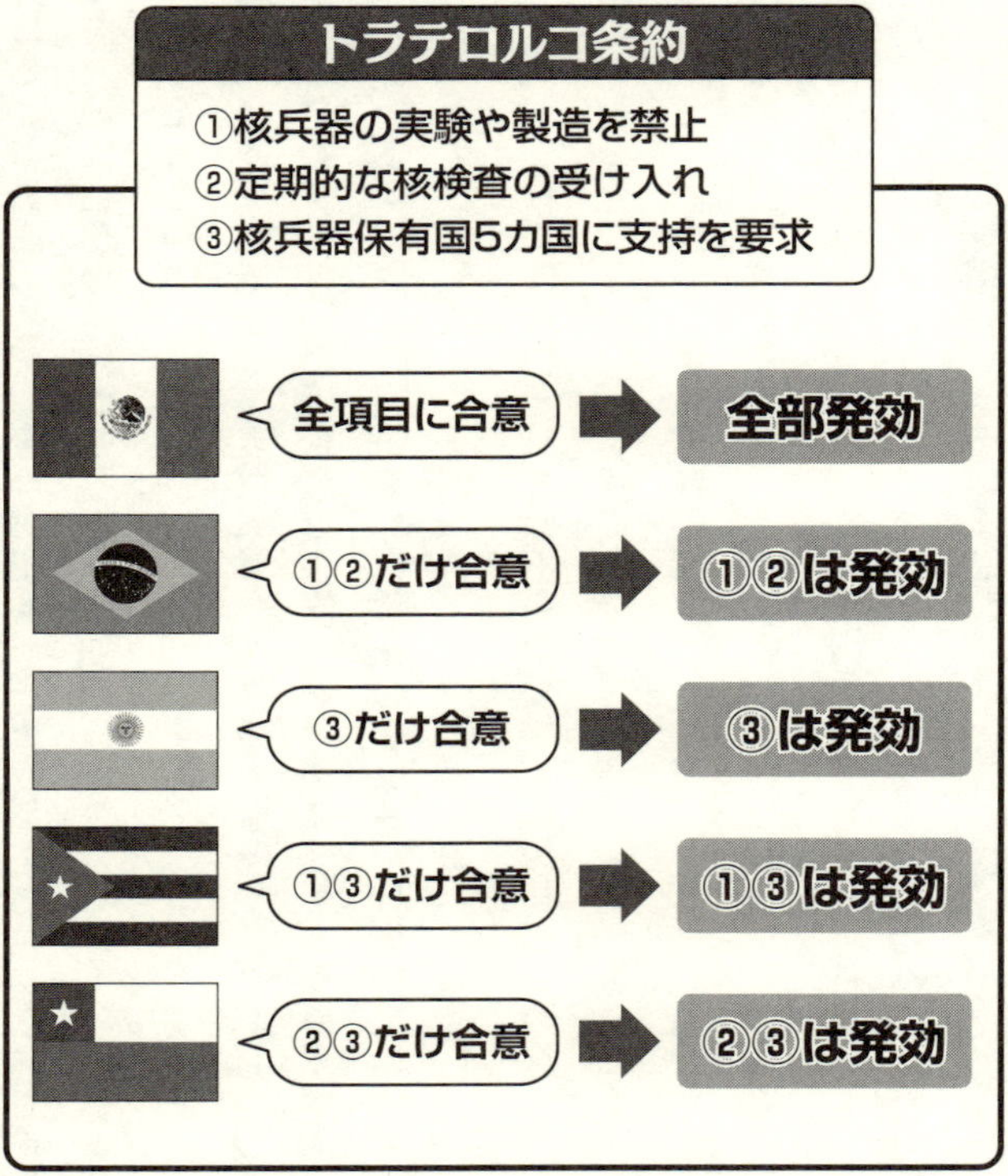


個々の国が**断片的な項目**にしか合意しなくても
**条約を発効させる**システムを生み出した

そして1968年4月、このシステムを取り入れたことでトラテロルコ条約は発効しました。

## ●ついに中南米33カ国が全項目に合意、核保有国も承認

だからといって非核兵器地帯が完全に成立したわけではありません。もう一つ重要なのが、核兵器保有5カ国にも条約を認めさせることです。

いくら「この地域は非核兵器地帯だ」と言っても、他の国が認めなければ意味がありません。そこで核兵器保有国にも条約を認めさせるという交渉を開始します。

ラテンアメリカ地域の国々には「全ての項目に合意してください」と働きかける一方、核兵器保有国には「この条約を認めてください」と働きかけました。時間をかけて同時進行で交渉を進めました。

その結果、1968年の条約発効から34年後の2002年、ついにラテンアメリカ地域33カ国が全ての項目に合意し、核保有5カ国も条約を認めました。こうして、地球上の人間が住む地域で最初の非核兵器地帯が生まれたのです。時間はかかったけれ

ども、やろうと思えばやれるということを示したと言えるのではないでしょうか。

ガルシア・ロブレスさんはトラテロルコ条約に尽力した功績が認められて1982年にノーベル平和賞を受賞しました。当時71歳の彼は、授章式のスピーチでこう語っています。

「現在の核兵器の増加は、世界の安全を強めるのではなく逆に弱めています。ゆえに核軍縮によって安全を求める時代が来たことは明白なのです。人類は軍縮を進めるのか、絶滅するのか、選択を迫られています」

## ●世界に広がりつつある「非核兵器地帯」

次の図でわかるように、現在、非核兵器地帯は世界にこれだけあります。核兵器を持つ全ての国が認めているわけではないものの、すでに世界では五つの非核兵器地帯条約が発効されています。

中南米から始まった動きが少しずつ広がって、それぞれの地域では「核なき世界」が実現しつつあります。これを今後、世界中に広めていくことができるかどうか、と

## 世界の非核兵器地帯(条約の対象国に色づけ)

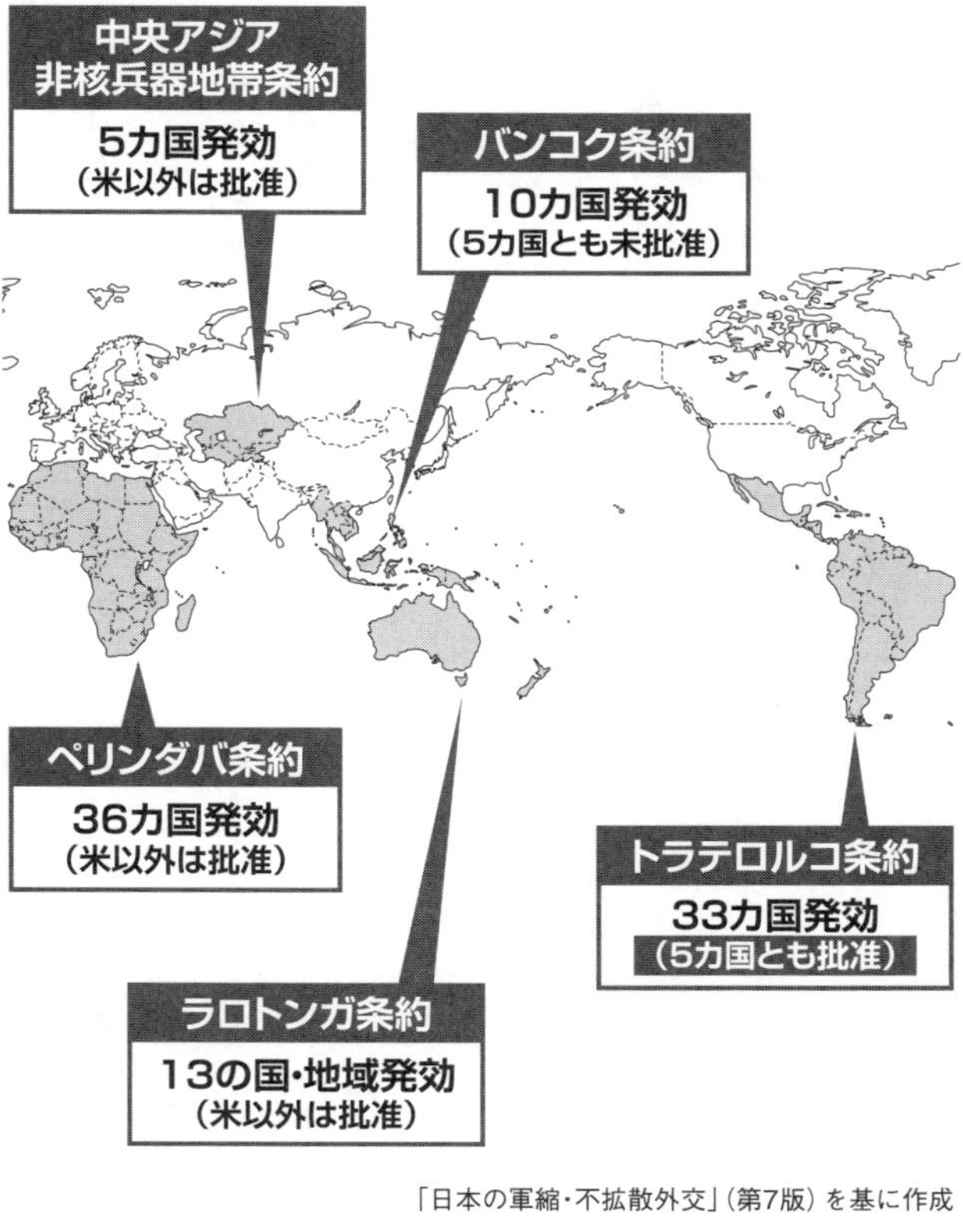


「日本の軍縮・不拡散外交」(第7版)を基に作成

いうことです。

今のところ日本はこの中に入っていません。それは、すぐ近くに核兵器を一生懸命造ろうとしてきた国があったからです。

でも、トラテロルコ条約の場合、条約を結ぼうというときに、ブラジルとアルゼンチンはとても仲が悪く、実はどちらも密かに核開発を行っていました。それを途中でやめて、しかもお互い完全にやめたことがわかるように、どちらも相手の国に行って本当に核開発をやめたかどうかいつでも見られるようにして、お互いの信頼を勝ち取りました。

結局、キーワードは「信頼」なのです。信頼がないから抑止力に頼ることになってしまう。その信頼を築くには、やはり時間がかかるということなのでしょう。

### ◉池上彰からのラストメッセージ

第二次世界大戦後、東西冷戦など相手の国に不信感を持つこと、そして対立が続くことが核兵器のエスカレートにつながっていきました。その一方で、南米のようにお互いの信頼を勝ち得ることで、時間はかかりましたが、核兵器のない世界を築くこともまたできてきているのです。

日本政府がなかなか動こうとしないなか、核兵器禁止条約が国連で成立しました。そして２０１７年、ＩＣＡＮがノーベル平和賞を受賞しました。こう見ると、核兵器をなくそうという動きが少しずつではあるけれども前に進んでいるように見えます。

そこで私が思い出す言葉があります。私はかつて広島で勤務していました。そのとき、被爆者がこういう発言をしました。

「私たちは微力ではあるが無力ではない」

かつて大変悲惨な思いをして、それを世界に訴え続けてきた。しかし核兵器をなくすことなんかできないよと思われてきた。でも、少しずつその声を世界に広げていったことによって、核兵器廃絶に向かってほんのわずか、１ミリか２ミリかもしれませんが前に進むことができたわけです。

「私たちは微力ではあるが無力ではない」。この言葉を胸に刻みたいと思います。

著者略歴

## 池上 彰（いけがみ・あきら）

1950年、長野県松本市生まれ。慶應義塾大学経済学部を卒業後、NHKに記者として入局。さまざまな事件、災害、教育問題、消費者問題などを担当する。1994年４月から11年間にわたり「週刊こどもニュース」のお父さん役として活躍。わかりやすく丁寧な解説に子どもだけでなく大人まで幅広い人気を得る。2005年３月にNHKを退職したのを機に、フリーランスのジャーナリストとしてテレビ、新聞、雑誌、書籍など幅広いメディアで活動。名城大学教授、東京工業大学特命教授など７大学で教える。
おもな著書に『伝える力』シリーズ（PHP新書）、『そうだったのか！ 現代史』他「そうだったのか！」シリーズ（集英社）、『知らないと恥をかく世界の大問題』シリーズ（角川SSC新書）、『池上彰教授の東工大講義』シリーズ（文藝春秋）、『池上彰のニュース　そうだったのか!!』１～４巻、『知らないではすまされない自衛隊の本当の実力』『世界から格差がなくならない本当の理由』（SBクリエイティブ）など、ベストセラー多数。

番組紹介

## 池上彰緊急スペシャル！

普段何気なく見ているニュース。その裏には、驚くほどの様々な背景や思惑が隠れている。そして、私たちが、今の世界にいだく大きな疑問。タブーなき徹底解説で、池上彰が、世界の“仕組み”を深く、広く、とことんひもとく。

◎フジテレビ系全国ネット
「金曜プレミアム」（金曜よる９時から10時52分）などで、不定期に放送
◎解説：池上 彰
◎進行：高島 彩

■本書は、「池上彰緊急スペシャル！」（2018年1月7日放送）の内容から構成し、編集・加筆したものです。

SB新書　442

世界《せかい》から核兵器《かくへいき》がなくならない本当《ほんとう》の理由《りゆう》

2018年7月15日　初版第1刷発行

著　者　池上《いけがみ》　彰《あきら》＋「池上彰緊急《いけがみあきらきんきゅう》スペシャル！」制作《せいさく》チーム

発行者　小川 淳

発行所　SBクリエイティブ株式会社
〒106-0032　東京都港区六本木2-4-5
電話：03-5549-1201（営業部）

協　力　フジテレビジョン

装　幀　長坂勇司（nagasaka design）

組版・本文デザイン
図版作成　株式会社キャップス

編集協力　伊藤静雄

イラスト　堀江篤史

写真・記事　広島平和記念資料館
広島大学原爆放射線医科学研究所
仁科記念財団
石川町歴史民俗資料館
アフロ
朝日新聞
共同通信
時事通信
毎日新聞
読売新聞

印刷・製本　大日本印刷株式会社

落丁本、乱丁本は小社営業部にてお取り替えいたします。定価はカバーに記載されております。本書の内容に関するご質問等は、小社学芸書籍編集部まで必ず書面にてご連絡いただきますようお願いいたします。


ISBN 978-4-7973-9734-5

あまりに無謀な企画に取り組んだ
話題の番組を書籍化!!

『なぜ、世界から
戦争がなくならないのか？』
池上　彰＋フジテレビ

定価：本体価格800円＋税　ISBN978-4-7973-8762-9

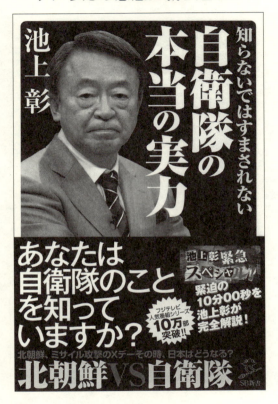